Pipers Italienische Bibliothek

Giacomo Casanova · Das Duell

Giacomo Casanova

Das Duell

oder

Versuch über das Leben des Venezianers G. C.

Novelle

Herausgegeben,
aus dem Italienischen übertragen
und mit einem Nachwort versehen von

Hartmut Scheible

Piper
München Zürich

Die Novelle erschien erstmals 1780 unter dem Titel
»Il duello
ovvero
Saggio della vita di G. C. veneziano«.
Die Übersetzung folgt der von Elio Bartolini herausgegebenen Ausgabe, die 1979 bei Adelphi Edizioni s. p. a., Mailand, erschienen ist.

ISBN 3-492-03302-4
Deutsche Ausgabe:

Gesetzt aus der Garamond-Antiqua
Gesamtherstellung: Clausen & Bosse, Leck
Printed in Germany

Animum rege, qui, nisi paret,
Imperat; hunc frenis, hunc tu conpesce catena.

HORAZ. L. 1. E. 2.[1]

Ein Venezianer, armer Leute Kind, ohne Vermögen und ohne jene Titel, die in den Städten die vornehmen Familien vom gemeinen Volk unterscheiden, aber, nach dem Willen Gottes, erzogen in der Weise derer, die bestimmt sind zu allem anderen als zu den Berufen, die vom Pöbel ausgeübt werden, hatte im Alter von siebenundzwanzig Jahren das Unglück, sich den Unwillen der Regierung zuzuziehen, und mit achtundzwanzig das Glück, dem Gewahrsam einer erhabenen Justiz, deren Spruch er sich nicht beugen wollte, zu entkommen. Glücklich zu preisen ist der Verbrecher, der in Frieden die verdiente Strafe auf sich nehmen kann, um geduldig und ergeben ihr Ende zu erwarten; unglücklich aber ist der Gestrauchelte, der nicht den Mut aufbringt, seine Taten wieder gutzumachen und sie zu tilgen, indem er sich als bußfertig erweist. Dieser Venezianer nun war einer, der sich mit seinem Schicksal nicht abfinden konnte; er entfloh, wohlwissend, daß seine Flucht ihn das Leben kosten könnte, an dem ihm aber, ohne Freiheit, nichts gelegen war; und vielleicht hatte er darüber nicht einmal nachgedacht, sondern war nur, wie es auch die niedrigsten Lebewesen tun, der einfachen Stimme der Natur gefolgt. Wenn jene Regierung, aus deren Gewalt er sich befreite, nur gewollt hätte, so hätte sie ihn sicher unterwegs festnehmen lassen können, aber sie kümmerte sich nicht weiter um ihn und ließ auf diese Weise den leichtsinnigen jungen Mann die Erfahrung machen, daß aus Freiheitsliebe der Mensch sich oft einem Schicksal aussetzt, das sich als sehr viel grausamer als ein vorübergehendes Sklavendasein erweisen kann. Nicht den Zorn seiner Richter erregt der flüchtige Sträfling, sondern ihr Mitleid, denn durch seine Flucht vergrößert er blindlings seine Leiden; er nimmt sich selbst die Möglichkeit, in die Heimat zurückzukehren, und er bleibt so schuldbeladen, wie er es vor dem Beginn der Sühne war.

Dieser hitzköpfige junge Venezianer also wählte, um über die Grenze zu entweichen, den längsten Weg, denn er wußte, daß der kürzeste für den Flüchtigen zumeist verhängnisvoll ist; er begab sich nach München in Bayern, wo er sich einen Monat lang aufhielt, um seine Gesundheit wiederherzustellen und sich Geld und eine standesgemäße Ausstattung zu beschaffen, bevor er über Schwaben, das Elsaß, Lothringen und die Champagne nach Versailles reiste, wo er am fünften Januar des Jahres 1757 ankam, eine halbe Stunde, bevor der Fanatiker Damiens das Attentat auf den damaligen König Ludwig XV. verübte.

Dieser Mann, gegen seinen Willen zum Abenteurer geworden (denn das ist ein jeder, der, ohne reich zu sein, durch die Welt ziehen muß, weil er in seinem Vaterland in Ungnade gefallen ist), hatte in Paris ganz außerordentliches Glück, und er mißbrauchte es. Er begab sich nach Holland, wo er einige Geschäfte abwickelte, die ihm viel Geld einbrachten, das er wieder ausgab; er reiste weiter nach England, wo eine unglückselige Leidenschaft ihn fast um den Verstand und um das Leben brachte. Er verließ England im Jahre 1764; durch das französische Flandern gelangte er in die österreichischen Niederlande, er überquerte den Rhein, begab sich über Wesel nach Westfalen, durchquerte die Territorien von Hannover und Braunschweig und gelangte über Magdeburg nach Berlin, der Hauptstadt von Brandenburg. In den zwei Monaten, die er sich dort aufhielt, hatte er zwei Unterredungen mit König Friedrich – eine Gnade, die S. M. sehr freigebig allen Fremden gewährt, die ihn schriftlich darum bitten – und mußte dabei zur Kenntnis nehmen, daß er im Dienste jenes Königs nicht viel zu erhoffen hätte, woraufhin er abreiste, begleitet von einem Bedienten und einem Lothringer, der sich in der Mathematik auskannte und ihm als Sekretär dienen sollte: da er die Absicht hatte, sein Glück in Rußland zu machen, brauchte er einen solchen Mann. Er verweilte einige Tage in Danzig, einige in Königsberg im Herzogtum Preußen, und entlang dem Baltischen Meer kam er nach Mitau, der Hauptstadt von Kurland, wo der berühmte Herzog Ernst Johann von Biron ihm große Ehren zuteil werden ließ, und wo er einen Monat blieb, um auf Kosten des Herzogs alle Eisenbergwerke des Landes zu besichtigen, bis er schließlich weiterreiste, reich beschenkt, weil er dem Herrscher für diese Minen äußerst nützliche Verbesserungsvorschläge unterbreitet und Ratschläge zu ihrer Durchführung gegeben hatte. Nachdem er Kurland verlassen hatte, hielt er sich kurz in Livland auf, durchquerte Karelien und Estland und alle sich anschließenden Provinzen, und erreichte schließlich über Ingermanland Petersburg, wo er die ersehnte Karriere gemacht hätte, wäre er auf einen Ruf hin gekommen. Wer sich dagegen nur aus Neugier nach Rußland begibt, kann nicht hoffen, dort sein Glück zu machen: *Was will er denn hier?* ist ein Satz, den alle sagen und alle nachreden: während nur derjenige einer Anstellung und eines fetten Gehalts sicher sein kann, der vor seiner Ankunft an jenem Hof so klug war, an irgendeinem anderen Hof in Europa sich dem russischen Botschafter vorzustellen; dieser macht, wenn er vom Verdienst dieser Person überzeugt ist, der Kaiserin Mitteilung; von ihr kommt dann der Befehl, den Abenteurer unter Erstattung aller Kosten auf die Reise zu schicken. Der macht nun auf jeden Fall sein Glück, denn man wird niemals eingestehen dürfen, daß man das Reisegeld für ein unfähiges Subjekt hinausgeworfen hat: in diesem Falle nämlich hätte der Botschafter, der ihn vorgeschlagen hat, sich getäuscht, was eine Unmöglichkeit wäre, denn diese Herren sind ja ganz große Menschenkenner. Der einzige also, dem keine Verdienste zugeschrieben werden und der sich auch keine erwerben kann, ist der brave Mann, der auf eigene Kosten angereist kommt; dies zur Warnung für denjenigen unter meinen Lesern, der vielleicht mit dem Gedanken umgeht, ungerufen nach Rußland zu fahren, um dort in kaiserlichen Diensten reich zu werden.

Obwohl unser Venezianer seine Zeit nicht verlor (denn er war es gewohnt, sie immer irgendwie zu nutzen), hatte er kein Glück, so daß er nach Verlauf eines Jahres, ausgestattet wie üblich – zwar nicht mit Wechselbriefen, immerhin jedoch mit guten Empfehlungsschreiben –, nach Warschau reiste. Er verließ Petersburg in einem von sechs Postpferden gezogenen Schlitten und mit zwei Bedienten, aber mit wenig Geld, so daß, als er in einem Wald Ingermanlands den auf Einladung der Zarin reisenden Maestro Galuppi, genannt »Il Buranello« traf, sein Geldbeutel bereits leer war; trotzdem legte er mühelos die neunhundert Meilen bis zur polnischen Hauptstadt zurück. In jenen Ländern kommt man leicht zu Geld, wenn man sich das Ansehen zu geben versteht, man habe keines nötig, und es ist dort ziemlich einfach, diesen Anschein zu erwecken, ganz anders als in Italien, wo niemand an eine gefüllte Börse glaubt, bevor er nicht hineingesehen hat. *Italiam Italiam!*

Der Venezianer wurde in Warschau sehr gut empfangen. Fürst Adam Czartoryski, bei dem er mit einem wirkungsvollen Empfehlungsschreiben vorstellig wurde, stellte ihn seinem Vater vor, dem Woiwoden von Rot-Rußland, seinem fürstlichen Onkel, der Großkanzler von Litauen und ein hervorragender Rechtsgelehrter war, sowie all den Großen des Königreichs, die sich gerade bei Hofe befanden. Bei diesen Vorstellungen fand ausschließlich der schlichte Name, den er von Geburt an trug, Verwendung, wie denn auch seine bescheidene Herkunft den polnischen Aristokraten nicht unbekannt sein konnte, denn etliche von ihnen hatten ihn schon, vierzehn Jahre zuvor, in Dresden kennengelernt, wo er seine literarischen Fähigkeiten in den Dienst des Königs August III. gestellt hatte, und wo auch seine Mutter, seine Geschwister, Schwäger und Neffen lebten. Sie mögen also Nachsicht üben, die durch und durch verlogenen Herren Zeitungsschreiber! In Wirklichkeit allerdings sind sie es, die man bemitleiden sollte, denn es sind die unzutreffenden, insbesondere die verleumderischen Artikel dieser Ärmsten, viel eher als die der Wahrheit entsprechenden, die ihr Blatt zum Erfolg führen. Der einzige ausländische Orden, der das nicht unansehnliche Äußere des Venezianers zierte, war der – leider viel zu oft verliehene – Orden der römischen Ritterschaft, den er an einem glänzenden scharlachroten Band trug, und zwar *en sautoir*, nach der Art also, wie die Monsignori ihr Kreuz tragen. Er hatte diesen Orden von dem verstorbenen Papst Rezzonico bekommen, als er, im Jahre 1760, das Glück hatte, ihm in Rom den heiligen Fuß küssen zu dürfen. Der Orden einer Ritterschaft, um welche auch immer es sich handeln mag, ist, wenn er recht glänzend ist, von großem Nutzen für einen Mann, der im Verlauf seiner Reisen fast jeden Monat in verschiedenen Städten sich als Neuankömmling einzuführen hat: er ist eine Zierde, eine respekterheischende Dekoration, die den Dummköpfen imponiert, und daher durchaus notwendig, denn die Welt ist voll von boshaften Tröpfen, die es einzuschüchtern gilt; wenn das mit Hilfe eines schönen Ritterordens gelingt, wenn dieser sie ekstatisch, verwirrt, respektvoll macht, dann soll man mit ihm prunken. Später, im Jahre 1770, ließ der Venezianer es dann sein, den Orden zu tragen; das war in Pisa, als er Geld brauchte und deshalb sein Kreuz, das er mit Brillanten und Rubinen hatte besetzen lassen, verkaufte: da war er diesen Orden schon lange leid, denn er hatte mehrere Scharlatane gesehen, die sich mit ihm schmückten.

Acht Tage nach seiner Ankunft in Warschau hatte er die Ehre, im Hause des Fürsten Adam Czartoryski mit jenem Monarchen zu speisen, von dem ganz Europa sprach und den kennenzulernen er begierig war.

An der runden Tafel, um die acht Personen versammelt waren, aßen alle wenig oder viel, mit Ausnahme des Königs und des Venezianers, die sich ununterbrochen unterhielten, und zwar über Rußland, das der Monarch sehr gut kannte, und über Italien, das er, obwohl er auf dieses Land recht neugierig war, nie gesehen hatte. Trotzdem haben mir viele Personen in Rom, Neapel, Florenz und Mailand versichert, ihn in ihren Häusern bewirtet zu haben, und ich habe sie reden und sie daran glauben lassen, denn es ist in dieser Welt mit großen Gefahren verbunden, wenn einer sich in dem schwierigen Geschäft versucht, die Betrogenen aufzuklären.

Nach jenem Abendessen verbrachte der Venezianer den ganzen Rest des Jahres und einen Teil des folgenden damit, Seiner Majestät, den Fürsten und den reichen Prälaten den Hof zu machen, denn er wurde eingeladen zu all den glänzenden Festen, die bei Hofe und in den prächtigen Häusern der Magnaten stattfanden, vor allem aber zu jenen der *Familie* (so wurde vorzugsweise das erlauchte Haus Czartoryski genannt), wo, in weit größerem Maßstabe als bei Hofe, die wahre Prachtentfaltung anzutreffen war.

In jener Zeit erschien in Warschau eine venezianische Tänzerin, die mit ihren Reizen und ihren Launen viele für sich einnahm, darunter auch den Großkämmerer der Krone, Xaver Branicki. Dieser Herr, der heute General ist, stand damals in der Blüte seiner Jahre, ein schöner Mann, der, von Jugend an dem Kriegshandwerk zugetan, sechs Jahre in Frankreich gedient hatte. Dort hatte er gelernt, das Blut seiner Feinde zu vergießen ohne sie zu hassen, Rache zu üben ohne Zorn, zu töten ohne unhöflich zu sein, und die Ehre, ein imaginäres Gut, dem Leben, das der einzige wirkliche Besitz des Menschen ist, vorzuziehen. Das ritterliche Amt eines Groß-Podstoli der Krone – das Wort bedeutet Kammerherr – hatte er von König August III. erhalten; er war dekoriert mit dem vornehmen Orden des Weißen Adlers. Damals war er gerade vom Berliner Hof zurückgekehrt, wohin ihn der neue König, sein Freund, entsandt hatte, betraut mit einer *geheimen* Mission, die allen bekannt war. Er war der Favorit dieses Königs, dem er auch später sein Glück verdankte, denn er wurde überhäuft mit Gunstbezeugungen. Dabei ist nicht zu bestreiten, daß er den hohen Rang in der Gunst des Königs verdient hatte, und zwar sowohl durch seine Tapferkeit als Offizier, als auch durch die Treue, mit der er diesem, einige Jahre vor seiner Wahl zum König, am Hof von Petersburg zur Seite gestanden war; damals war der spätere König zum Verehrer der überragenden Fähigkeiten des Geistes und der Reize der Großherzogin von Moskau, der jetzigen ruhmreichen Kaiserin, geworden. Dieser Kavalier verdiente wahrhaft die Vorliebe des mit ihm in Freundschaft verbundenen Monarchen, denn er war immer bereit – als beide noch gleichrangig waren nicht weniger als im Glanze des Thrones –, dessen Befehle, gleichsam blind, zu jeder Gelegenheit auszuführen, mit nicht weniger Eifer auch dann, wenn er dabei sein Leben aufs Spiel setzen mußte. Dieser Verwegene war es, der gegen die polnische Nation kämpfte und sie sich zur Feindin machte; aufgebracht gegen sich hatte er schon jene zahlreichen Unzufriedenen, die sich erhoben, nachdem der zur Königswahl zusammengetretene Reichstag beschlossen hatte, die Krone auf das Haupt des jetzt regierenden, von ihm vergötterten Stanislaus zu setzen. Etwa gegen Mitte des Jahres 1766 betraute der König ihn mit dem Amt des Lofcig, des Großjägermeisters der Krone, während er mit der gefährlichen Verwundung darniederlag, die der Venezianer ihm in dem Duell, auf das wir gleich zu sprechen kommen werden, beigebracht hatte. Um diese Würde zu erlangen, mußte er das Amt des Großkämmerers abgeben, obwohl dieses dem neuen Rang um zwei Stufen übergeordnet ist; aber es brachte nicht viel ein; es ist eben der Profit, den viele jeder anderen Würde vorziehen.

Die Ballerina aus Venedig hatte die Protektion des königlichen Podstoli Branicki eigentlich nicht nötig, um sich Anerkennung zu verschaffen, denn alle liebten sie, und im übrigen genoß sie die Protektion von noch höhergestellten Persönlichkeiten: trotzdem war natürlich die Gunst des verwegenen, tapferen Podstoli, eines hochfahrenden und stolzen Kavaliers, geeignet, ihren Kredit zu vermehren, und vielleicht ließ sie auch jene, die in den Kabalen des Theaters den Künstlerinnen nicht geringe Unannehmlichkeiten zu bereiten vermögen, Zurückhaltung üben.

Der Venezianer war aus Neigung wie aus Pflichtgefühl ein Freund der aus Venedig stammenden Tänzerin, aber nicht in der Weise, daß, um ihrer Kunst Beifall zu spenden, er nun zum Feind jener anderen Prima Ballerina geworden wäre, zu deren Freunden er sich schon vor der Ankunft der venezianischen Virtuosin am Hofe von Warschau zählen durfte. Diese nahm das übel auf. Sie meinte es nicht hinnehmen zu dürfen, daß ihr einziger Landsmann in Warschau sich eher im Lager von denjenigen befinde, die ihrer Rivalin applaudierten, als in ihrem eigenen. Eine Bühnenheroine, die sich mit einer Konkurrentin konfrontiert sieht, strebt so fanatisch nach dem Sieg, daß sie zur erklärten Feindin all derer wird, die ihr nicht dabei helfen wollen, die Rivalin zu unterjochen und zu triumphieren. So denken alle Frauen, die sich der Bühne verschrieben haben; von Ehrgeiz und Neid beherrscht, verzeihen sie denen nicht, die die Konkurrentin unterstützen; dafür gibt es aber auch keine Gunst, die sie nicht gewährten, wenn es ihnen auf diese Weise gelingt, jemanden den Klauen der anderen zu entreißen, vorausgesetzt, sie trauen dem Betreffenden zu, daß er für ihre Sache die Entscheidung bringt.

Seit längerem hatte sie sich über die Undankbarkeit des Venezianers bei ihrem Podstoli, der damals ihre Clique anführte, beklagt, aber der wußte nicht was zu tun sei; er versprach ihr lediglich, daß, wenn sich die Gelegenheit ergäbe, er ihn bestrafen werde, und zwar auf die gleiche Weise, wie er kürzlich jene andere Person, die verständlicherweise nicht auf ihrer Seite stehen konnte, bestraft habe. Diese Gelegenheit, auch wenn sie an den Haaren herbeigezogen war, sollte sich alsbald ergeben.

Der 4. März, Tag des Hl. Kasimir, wurde bei Hofe mit einer Gala gefeiert, da der Großkämmerer, der Bruder des Königs, diesen Namen trug. Nach dem Essen sagte S. M. zu dem Venezianer, er würde gern dessen Meinung über die polnische Komödie hören, die er zum erstenmal auf dem Warschauer Theater aufführen lasse, mit, das verstehe sich, ausschließlich polnischen Schauspielern. Der Venezianer versprach dem König, daß er kommen werde, aber er bat ihn, nach der Vorstellung ihn nicht nach seiner Meinung zu fragen, da ihm die polnische Sprache gänzlich unbekannt sei. Daraufhin lächelte der Monarch, und dem Venezianer war in dieser erlauchten Gesellschaft eine große Ehre zuteilgeworden. Wenn die Monarchen in der Öffentlichkeit sich umgeben sehen von der großen Zahl ihrer Minister, der Botschafter und der Fremden, so achten sie darauf, irgendeine Frage an alle diejenigen zu richten, denen sie die Gewißheit geben wollen, daß die Majestät ihre Anwesenheit bemerkt hat, sie müssen sich also überlegen, welche Art von Frage sie diesem oder jenem, dem sie die Ehre des Gesprächs erweisen wollen, stellen können. Eine solche Frage darf natürlich nicht ernsthaften Nachdenkens bedürfen, sie darf auch nicht zweideutig oder so beschaffen sein, daß der Gefragte antworten muß, er wisse es nicht; vor allem aber müssen sie darauf achten, sich klar und genau auszudrücken, denn es darf niemals vorkommen, daß die von der königlichen Stimme zum Sprechen aufgeforderte Person antworten muß: Sire, ich habe nicht verstanden, was Euer Majestät mir gesagt haben; eine solche Antwort würde ein allgemeines Gelächter hervorrufen, denn der Gedanke ist absurd, daß entweder der König sich nicht habe verständlich ausdrücken können, oder daß es sich um einen Höfling handle, der den König nicht verstehe. Sollte der Höfling tatsächlich nicht verstanden haben, so muß er sich entweder mit dem Ausdruck der Dankbarkeit verbeugen, oder das zur Antwort geben, was ihm gerade einfällt; es mag passend sein oder nicht, es ist immer richtig.

Die Worte, die der Souverän in der Öffentlichkeit an jemanden richtet, können also leeres Gerede sein; aber irgendetwas muß er sagen; geschieht dies nicht, so wird dies allgemein bemerkt, und am nächsten Morgen weiß die ganze Stadt, daß der Betreffende bei Hofe in Ungnade ist, da der König während der Mahlzeit niemals das Wort an ihn gerichtet hat. Diese Kleinigkeiten sind allen Souveränen geläufig, ja sie zählen zu den wichtigsten Artikeln in ihrem Katechismus; denn mit Argusaugen wird von den Umstehenden, bis hin zu den winzigsten Gesten, alles genau beobachtet, und ihre Worte schließlich werden, sofern sie das nur irgendwie zulassen, hundert verschiedenen Interpretationen ausgesetzt.

Im Jahre 1750 hielt ich mich einmal, in Fontainebleau, im Kreise derer auf, die an einer Mahlzeit der

Königin von Frankreich teilnahmen, oder (genauer gesagt) ihr beim Essen zusahen. Es herrschte tiefes Schweigen. Die Königin, die allein an der Tafel saß, sah nur auf die Speisen, die ihre Kammerfrauen ihr vorsetzten, bis sie auf einmal, zum Zeichen, daß sie dieses Gericht ein weiteres Mal wünschte, majestätisch den Blick erhob; indem sie die Augen mit einer langsamen Drehung des Kopfes begleitete – anders als gewisse schlecht erzogene Damen bei uns, die, weil sie nur die Augen rollen, wie von bösen Geistern besessen wirken – durchlief sie in einem Augenblick den gesamten Kreis, dann hielt sie bei einem Herrn, dem größten von allen, inne, vielleicht, weil sie nur ihn einer so großen Ehre für wert hielt, und sagte sehr deutlich: »*Je crois, Monsieur de Lowendal, que rien n'est meilleur d'une fricassée de poulets.* – Ich glaube, Herr von Lowendal, daß nichts besser ist als ein Hühnerfrikassee.« Er (der drei Schritte vorgetreten war, sobald er seinen Namen hörte) antwortete bescheiden und ernsthaft, indem er sie unverwandt, aber mit gesenktem Kopf ansah: »*Je suis de cet avis là, Madame.* – Das, Madame, ist auch meine Meinung.« Nachdem er das gesagt hatte, trat er an seinen ursprünglichen Standort zurück, indem er die Verbeugung beibehielt und auf den Fußspitzen rückwärts ging. Dann ging die Mahlzeit zu Ende, ohne daß noch ein weiteres Wort gesprochen worden wäre.

Ich war außer mir. Ich starrte diesen großen Mann an, den ich zuvor nur dem Namen nach, als den berühmten Sieger von Bergen-op-Zoom, gekannt hatte, und konnte nicht begreifen, wie er, ein Marschall von Frankreich, sich das Lachen verbeißen konnte bei diesem Köchinnensatz, den die Königin an ihn zu richten geruht hatte, und auf den er in demselben gemessenen Tonfall, mit dem gleichen Ernst, mit dem er im Kriegsrat sich für den Tod eines schuldigen Offiziers ausgesprochen hätte, geantwortet hatte. Je mehr ich darüber nachdachte, desto mehr spürte ich, wie mir die Kräfte schwanden, die ich aufwenden mußte, um ein lautes Herausplatzen, an dem ich fast erstickt wäre, zurückzuhalten. Weh mir, wenn ich dazu nicht fähig gewesen wäre! Sie hätten mich für völlig verrückt gehalten, und Gott weiß, was mit mir geschehen wäre. Von jenem Tage an – während des ganzen Monats, den ich noch in Fontainebleau blieb – fand ich immer, in jedem Haus, in das ich zum Mittagessen ging, das von Köchen und Köchinnen um die Wette zubereitete Hühnerfrikassee vor; und alle behaupteten, daß die Königin recht hatte, aber auch, daß es in der französischen Küche kein anderes Gericht gebe, das schwieriger zuzubereiten sei. Ich habe nie verstanden, wieso dieses Gericht so schwierig sei, da man es doch überall, und überall gleich gut, finden konnte. Aber ich hütete mich wohl, das auszusprechen; nachdem die Königin es gelobt hatte, hätte man mich ausgepfiffen. Ein- für allemal stand fest, daß allein der Koch der Königin sich rühmen konnte, dieses Gericht perfekt zuzubereiten.

Jene Worte, die der König von Polen an den Venezianer gerichtet hatte, weil er nicht wußte, was er ihm sagen sollte, waren jedenfalls die Ursache des Duells, denn hätte der König es ihm nicht befohlen, so wäre er sicher nicht in die polnische Komödie gegangen, um sich dort zu langweilen. Er ging also hin, und nach dem ersten Ballett konnte er beobachten, wie der König, hinter dessen Stuhl auf dem Proszenium er stand, der Tänzerin Casacci applaudierte; daraufhin faßte er den Entschluß, hinter die Bühne zu gehen, um ihr zu gratulieren, denn an jenem Tage hatte der König nur ihr gegenüber mit Beifall nicht gespart. Auf dem Wege dorthin machte er erst eine Visite in der Garderobe der venezianischen Tänzerin, die schon im Kostüm für das zweite Ballett war; aber kaum war er eingetreten, als er den Podstoli mit finsterer Miene erscheinen sah, begleitet von dem Oberstleutnant seines Regimentes, Bissinski, der die polnische Nationaltracht trug; der Venezianer zog ihm eine sehr ehrerbietige Reverenz und ging. Die galanten Hofleute, die den sogenannten Virtuosinnen ständig Höflichkeitsbesuche in ihren Garderoben abstatten, haben die Angewohnheit, sich zu entfernen, wenn ein neuer Besucher eintrifft; solche Höflichkeit wird als »urban« bezeichnet, denn sie soll beiden zugutekommen; dieses stillschweigende Abkommen gilt wechselseitig. In Italien wird die Sache anders gehandhabt. Wer zuerst angekommen ist, bleibt da; er weiß, daß der andere sich ärgert, aber gerade daran hat er seine Freude. Nachdem der Venezianer die Garderobe verlassen hatte, traf er hinter einer Kulisse Madame Casacci, und er fing an, sich mit ihr zu unterhalten; er sagte ihr ein Kompliment über den Applaus, den sie vonseiten des Königs erhalten hatte, und machte ein paar leicht dahingesagte Scherze. Plötzlich war der Podstoli wieder da; offensichtlich hatte er das Zimmer sofort nach dem Venezianer wieder verlassen, allein zu dem Zweck, ihm zu folgen und ihn zu attackieren. Er pflanzte sich vor ihm auf, und indem er ihn unhöflich, wie ein Schneider, von Kopf bis Fuß fixierte, fragte er ihn, was er mit dieser Dame vorhabe. Der Venezianer, der mit diesem Herrn noch nie gesprochen hatte, antwortete, nicht wenig überrascht, daß er sich mit ihr unterhalte und ihr Komplimente sage. Daraufhin fragte ihn der Podstoli, ob er sie liebe; was er bejahte. Nun erklärte der Fragesteller, daß auch er sie liebe und daß er keine Rivalen dulde. Der Venezianer antwortete, daß er das nicht gewußt habe. »Also«, sagte der Podstoli, »Sie müssen sie mir abtreten.« – »Zu Diensten, mein Herr«, antwortete darauf der Venezianer, indem er einen scherzhaften Ton anschlug; »einem schönen Kavalier wie Sie es sind, muß jeder weichen: ich trete Ihnen also diese liebenswürdige Dame ab, mit allen Rechten, die ich nur über sie haben kann.« – »So ist es recht«, versetzte der Podstoli mit einem unverschämten Gesichtsausdruck, »aber ein Feigling, der zurückweicht, nachdem er eine Dame abgetreten hat, *f..t le camp.*« Diese Worte, die ich hier auf französisch wiedergegeben habe, weil die beiden französisch sprachen, vor allem aber, weil sie sich schlecht übersetzen lassen, sind nichts anderes als der vulgäre Ausdruck, den ein arroganter, hochgestellter und unhöflicher Mann gebraucht, wenn er einem gemeinen Mann *verschwinde!* sagen und damit nicht nur äußerste Verachtung, sondern zugleich die Drohung zum Ausdruck bringen will, er werde ihm Beine machen, wenn er nicht tatsächlich sofort das Feld räume.

Dem Venezianer, der, zu seinem Glück oder zu seinem Unglück, das Französische verstand, und sich von frühester Kindheit an darin geübt hatte, der ersten Aufwallung zu widerstehen – diese ist eines denkenden Menschen unwürdig, weil sie ihn in eine Bestie verwandelt, für die, was ich zum Lachen finde, die Gesetze auch noch Mitleid zu haben vorschreiben wollen –, gelang es, sich zu beherrschen, und die übermächtige Versuchung, den Flegel sofort niederzuschlagen, zu zügeln; er begab sich unverzüglich zu der Treppe, die von der Bühne herunterführte; nicht ohne zuvor den anmaßenden Beleidiger ins Auge gefaßt und ihm »*C'en est trop* – das geht zu weit« gesagt zu haben, wobei er die linke Hand an den Griff seines Degens legte. Die Herausforderung war unzweifelhaft, da sie auch noch lakonischer hätte ausfallen können: die Hand am Degengriff hätte genügt, eine Bewegung, eine Geste, ein Liderschlag. Während der Venezianer sich so langsam wie möglich entfernte, rief ihm der Podstoli mit lauter Stimme nach, und zwar so, daß auch die Offiziere, die sich in der Nähe aufhielten, ihn verstanden: »Dieser venezianische Feigling tut gut daran, daß er verschwindet; *j'allois l'envoier se faire f.... e* – Ich habe ihm gerade gesagt, er solle etc.« Hierauf antwortete der andere, ohne sich umzudrehen: »*Un poltron vénitien enverra dans un moment à l'autre monde un brave polonais* – ein venezianischer Feigling wird bald einen polnischen Helden ins Jenseits befördern.« Hätte er nicht dem, wenngleich unverschämten, Wort *Feigling* das Epitheton *venezianisch* hinzugefügt, so hätte der andere den Affront vielleicht eingesteckt; bei einem Wort aber, das die ganze Nation beleidigt, gibt es, so meine ich, niemanden, der das hinnehmen könnte. Nachdem er das gesagt hatte, begab er sich vor die Tür des Theaters, um den anderen zu erwarten, und zwar mit der Absicht, mit ihm sofort, obwohl die Nacht sehr dunkel war, einen Ort aufzusuchen, wo er einen Degenstreich entweder empfangen oder zufügen hätte können. Nachdem er sich dort aber vergeblich eine halbe Stunde lang aufgehalten hatte, ohne jemanden zu sehen, und der eisige Regen, der auf den Schnee fiel, ihn halb hatte erstarren lassen, entschloß er sich, seinen Wagen vorfahren zu lassen und zum Hause des Woiwoden zu fahren, wo, wie er wußte, der König sich zum Abendessen einfinden würde.

Der Venezianer hatte umsichtig gehandelt, an dem Ort, an dem er sich befand, die unverschämte Beleidigung des Podstoli hinzunehmen; denn da der König mit den Wachen sich in unmittelbarer Nähe aufhielt, hätte jede gewaltsame Bewegung, und wäre sie noch so geringfügig gewesen, unabsehbare Folgen haben können; aber verheimlichen konnte er die Affaire nicht. Zwei Offiziere waren bei dem Auftritt zugegen gewesen, dazu Bissinski, der treue Freund des Podstoli; der Venezianer war zunächst völlig ratlos.

Ohne einen Entschluß gefaßt zu haben, begab er

sich zunächst in größter Eile in das Haus des Woiwoden, wo er die Spitzen des Adels versammelt fand. Sobald der Fürst ihn erblickte, ließ er die Partie Tresette beginnen, und wie üblich nahm er ihn zum Teilhaber; der Venezianer spielte aber so schlecht, daß er auf die tadelnden Bemerkungen des Fürsten schließlich eingestehen mußte, er sei in seinen Gedanken vier Meilen weit entfernt. Der Fürst antwortete ganz freundlich, man solle seine Gedanken nicht irgendwoanders haben, sondern dort, wo gespielt werde, aber er warf doch die Karten auf den Tisch, und die Partie war zu Ende. In diesem Augenblick erschien ein Ordonnanzoffizier, um mitzuteilen, daß der König nicht kommen könne, woraufhin der Woiwode befahl, die Speisen sofort aufzutragen.

Dem armen beleidigten Fremden mißfiel es sehr, daß der König nicht kommen konnte, denn er hätte S. M. von der Beleidigung, die der Podstoli ihm zugefügt hatte, berichtet, und der König hätte alles in Ordnung gebracht, indem er den schuldigen Beleidiger dazu angehalten hätte, dem Beleidigten hinreichende Genugtuung zu geben; aber die Affaire sollte sich in ganz anderer Weise entwickeln.

Alle setzten sich zu Tisch; der Venezianer am Kopfende der ziemlich langen Tafel, zur Linken des Woiwoden. Das Gespräch war angeregt und heiter, und er dachte an alles andere als daran, von seinem Mißgeschick zu erzählen; er wünschte, es möge der ganzen Welt verborgen bleiben. Da erschien, etwa gegen Mitte des Abends, der in russischen Diensten stehende General Fürst Kaspar Lubomirski und nahm am anderen Ende der Tafel, an der etwa dreißig Gäste saßen, Platz. Als der Fürst den Venezianer ihm gegenüber erblickte, drückte er ihm vernehmlich sein Bedauern über das beklagenswerte Abenteuer, das ihm im Theater widerfahren sei, aus; dieser hatte nicht die Kraft, auf das ihn schmerzlich berührende Kompliment zu antworten, denn er hatte gehofft, es würde ganz unterbleiben, damit diese Angelegenheit sich nicht noch mehr herumspräche. Nichtsdestoweniger fuhr Fürst Kaspar fort, möglicherweise in boshafter Absicht, ihn zu trösten, indem er ihm sagte, daß der Beleidiger betrunken gewesen sei, daß man die Sache abtun solle, daß die Wertschätzung, die alle ihm entgegenbrächten, dadurch nicht geschmälert werde, und was dergleichen grausame Tröstungen mehr sind, die, anstatt ihn zu beruhigen, ihn erst recht in Aufregung versetzten. Der Woiwode, dem dies aufgefallen war, fragte den Venezianer freundlich und leise, um welche Affaire es sich denn handele; dieser bat Seine Hoheit, sich bis zum Ende der Mahlzeit zu gedulden, er werde ihm dann alles genauestens erzählen. Unterdessen konnte man sehen, daß am anderen Ende der Tafel alle redeten und dem Fürsten Kaspar zuhörten, so daß der Venezianer vor Scham fast verging, denn er sah, daß von jener Seite aller Augen auf ihn gerichtet waren.

Nach dem Essen nahm der Woiwode ihn beiseite und hörte nun einen genauen Bericht vom Hergang dieses unwürdigen Vorfalls. Er errötete vor Scham darüber, daß in Warschau einem Ehrenmann eine solche Niederträchtigkeit widerfahren konnte, und man sah an seinen edlen Gesichtszügen, daß der Vorfall ihn schmerzte. Nachdem der Venezianer seinen Bericht beendet hatte, fragte er ihn, wie er sich in dieser Situation verhalten solle; worauf der Fürst erwiderte, er gebe in dergleichen Fällen grundsätzlich nie einen Rat: »Ein Mann von Ehre«, sagte er seufzend, »muß in einer derartigen Lage entweder viel oder nichts unternehmen.« Damit zog er sich zurück. Der Venezianer ließ sich seinen Pelz geben, verließ den Palast, stieg in seinen Schlitten, fuhr nach Hause, begab sich sofort zu Bett und schlief ruhig sechs Stunden lang. Nach dem Erwachen nahm er, wie schon seit zwei Wochen, wegen eines bestimmten Leidens eine Medizin, nach deren Einnahme er jedesmal sechs Stunden im Bett verbringen mußte. Dann machte er sich daran, seine Post zu erledigen; einige für den Hof bestimmte Briefe durfte er nicht aufschieben, da an jenem Tage, einem Mittwoch, die königlichen Depeschen abgingen. Während er sich zu dieser Arbeit anschickte, rekapitulierte er, was ihm am Vorabend dieser noch nicht zu Ende gegangenen Nacht widerfahren war. Er ging das eigene Verhalten noch einmal durch und dachte über die Antwort nach, die der Woiwode ihm gegeben hatte, als er einen Rat von ihm wollte; und gerade in diesen weisen Worten, die ihm den Rat verweigerten, fand er ihn schließlich: *viel, oder nichts*.

Zuerst überdachte er das *nichts*, und es fiel ihm ein, daß Platon im *Gorgias* einmal sagt, wahres Heldentum bestehe darin, anderen kein Unrecht zuzufügen, woraus hervorgeht, daß eher der zu loben sei, der erlittenes Unrecht zu erleiden fähig sei, als der andere, der sich ungestraft vergangen habe. Da der Venezianer kein Mann des Krieges war – wer dieses Handwerk ausübt, muß die Welt ständig davon überzeugen, daß er das Leben gering achtet, und er muß den Ruf, ein Angsthase zu sein, ebenso meiden wie die Ehrlosigkeit –, war er von dem unbedingten Gesetz ausgenommen, den Beleidiger zu töten oder sich von ihm töten zu lassen; er hätte also ohne Furcht und erhobenen Hauptes sich als Anhänger des großen Philosophen bekennen dürfen, der in ep. VII. ausdrücklich erklärt, *daß es weniger unehrenhaft sei, schweres Unrecht zu erleiden als es zu begehen*. Dann fiel ihm ein, daß dies ja auch der Grundsatz eines Christenmenschen sei, und er machte sich Vorwürfe, daß Plato ihm einen Moment eher gegenwärtig gewesen sei als das Evangelium. Aber als er dann, mit dem vermaledeiten Stolz, der nun einmal zur menschlichen Natur gehört, darüber nachdachte, wie die höfischen Philosophen sich hierzu stellen, kam er zu dem Ergebnis, daß diese, ausdrücklich oder stillschweigend, der Ehre zum Sieg verhelfen wollen, indem sie sie nach dem Modell des militärischen Codex darstellen; aus demselben Grunde auch, um dem Triumph der Ehre Nachdruck zu verleihen, tragen die Monarchen prächtige Uniformen. Er sah also ein, daß, wenn er sich nach dem Vorbild Platons verhalten hätte, er ein guter Christ und ein braver Philosoph, aber eben doch entehrt und gedemütigt gewesen wäre, und vielleicht hätte man ihn auch vom Hofe fortgejagt oder, zu seiner noch größeren Schande, aus der feinen Gesellschaft ausgeschlossen.

So ist unser Jahrhundert. Die Philosophie mag es beklagen, aber wer sich nach ihren Maximen richten will, der mag sonstwo leben, nur nicht bei Hofe.

Wenn der arme Beleidigte den Entschluß gefaßt hätte, die bittere Pille schweigend zu schlucken, oder sie jenem Schwarm gleichgültiger Müßiggänger, die den Freundestitel, wie er gewöhnlich gebraucht wird, so kalt und inhaltsleer machen, zu offenbaren, so hätte er eine Menge Vermittler gefunden, die mit dem Anschein des größten Eifers sich verpflichtet hätten, die Entzweiten zu versöhnen; aber er wußte auch, wie sich diese Vermittler üblicherweise verhalten: in der Regel ergreifen sie eher die Partei des Beleidigers als die des Beleidigten; da die Menschen von Natur aus bösartig sind, freuen sie sich, wenn ein Übel geschieht, und deshalb treten sie auch für dessen Verursacher ein; dabei lachen sie heimlich über den, der dieses Übel zu erdulden hat, und geben sich alle Mühe, mit sophistischen Argumenten es als klein erscheinen zu lassen, und das alles unter dem heuchlerischen Vorwand, den Frieden wiederherstellen zu wollen.

Der wahre Freund eines in seiner Ehre gekränkten Mannes hilft ihm entweder, sich zu rächen, oder er verhält sich wie der Woiwode, der ihn beklagt, und ihn das tun läßt, was sein Ehrgefühl, dessen Beschaffenheit kein anderer als er selbst kennen kann, ihm vorschreibt. Der Vermittler dagegen tut im allgemeinen zuviel oder zu wenig, als es für den Beleidigten wünschenswert wäre. *Wer sich so verhält, ist ein Freund nur dem Namen nach; er verdient diesen Namen nicht, denn er versucht zu erreichen, daß der Freund nicht das will, was seinem Willen entspricht, sondern, was er seiner Meinung nach wollen soll; er begnügt sich nicht damit, einen Rat zu erteilen, sondern er maßt sich an, bei allem Tun und Lassen das bessere Urteil zu haben.* Diese Worte stammen von Cicero, und aus diesem Grunde habe ich sie hervorgehoben.

Nachdem der Gekränkte diese Überlegungen angestellt hatte – wofür er weit weniger Zeit brauchte als ich, um sie niederzuschreiben –, faßte er den Entschluß, *viel* zu tun. Er beschloß, den Kavalier, der ihn gedemütigt hatte, zum Duell herauszufordern, weil dies in jenem Land wie auch anderswo für einen Mann von Ehre die einzige Möglichkeit ist, einen Makel zu tilgen, der ihm durch eine Beleidigung, gegen deren Urheber er keine Rechte geltend machen kann, zugefügt worden ist.

Wenn ein Beleidigter, der den Beleidiger vor Gericht gebracht hat, vonseiten des Richters mit einem eindeutigen Spruch zu seinen Gunsten rechnen könnte, mag sein, daß es nicht so viele Duelle gäbe, trotz des unglückseligen Ehrenpunktes; aber die Erfahrung zeigt, daß der Beleidigte nicht mehr zu erwarten hat als eine kalte Entschuldigung oder einen lächerlichen Widerruf, was nach Meinung mehrerer Autoren den Schaden eher vergrößert als ihn beseitigt. Wenn allerdings in England ein Mann, der einen andern mit einem beleidigenden Wort belegt hat, vor

Gericht nicht beweisen kann, daß er die Wahrheit gesprochen hat, so ist er so gut wie ruiniert.

Aus diesen Gründen also geschieht es, daß so viele den, der sie beleidigt hat, zum Duell fordern, und sich dann auch noch von ihm umbringen lassen.

Der modern denkende Rousseau gibt zu diesem Problem eine seiner Weisheiten zum besten: wirklich gerächt, sagt er, seien nicht die, die getötet haben, sondern diejenigen, die ihre Beleidiger dazu zwingen, sie umzubringen. Ich gestehe, daß mein Geist nicht erhaben genug ist, um dieser Auffassung des sublimen Genfers zuzustimmen, obwohl sein Gedanke ungewöhnlich, neu und durchaus geeignet ist, durch allerlei haarspalterische und äußerst heroische Argumente gerechtfertigt zu werden, und zwar vonseiten derer, die den Spuren der modernen Denker folgen, welche ihrerseits immer dann glücklich sind, wenn sie mit ihren Sophismen aus einem Paradox einen Aphorismus gemacht haben. – »Der Podstoli«, so wird sich der Venezianer sagen, »nimmt meine Herausforderung entweder an, oder er lehnt sie ab; nimmt er sie an, so ist mir schon Genugtuung zuteilgeworden, wie auch immer das Duell ausgehen mag; lehnt er sie ab, so bin ich ebenfalls gerächt, denn durch meine Herausforderung habe ich ihm bewiesen, daß ich ihn nicht fürchte, und daß ich in der Brust ein unerschrockenes Herz trage, sowie einen Charakter, der das Leben verachtet, sobald es durch eine Beleidigung überschattet ist; außerdem zwinge ich ihn durch diesen Schritt, mich zu achten und zu bereuen, daß er in mir einen Mann beleidigt hat, von dem er nicht länger behaupten kann, daß er von niedriger Gesinnung sei; denn er sieht ihn nun bereit, sich der eigenen Ehre aufzuopfern.« Man muß noch hinzufügen, daß, sollte der Podstoli das Duell ablehnen, der Venezianer berechtigt wäre, ihn der Feigheit zu bezichtigen und außerdem öffentlich zu erklären, daß er sich durch dessen Beleidigung nicht mehr befleckt fühle, nachdem er herausgefunden habe, daß der Beleidiger ein gemeiner Feigling sei; von einem solchen aber könne ein Mann von Ehre nicht beleidigt werden, denn durch die Verachtung, die er verdiene, werde er auf eine Stufe mit einem Verrückten gestellt.

Die Herausforderung zum Duell ist der natürliche Impuls eines Charakters, der durch seine Erziehung sich zu mäßigen und seine primitiven Reflexe zu zügeln weiß. Ein primitives Gemüt, das keine vornehme Erziehung genossen hat, versteht sich nicht darauf, seine unmittelbaren Reaktionen zu unterdrücken, es beantwortet Gewalt mit Gewalt und versucht, seiner Leidenschaft unterworfen, die natürliche Begierde nach Rache zu befriedigen, indem es den Beleidiger tötet, ohne sich der Gefahr auszusetzen, selbst Opfer seines eigenen Rechts zu werden.

Nach diesen auf der Kenntnis des menschlichen Herzens und der Kraft der herrschenden Vorurteile gegründeten Überlegungen machte sich der Venezianer unverzüglich daran, dem Kavalier einen Brief zu schreiben; die darin enthaltene Herausforderung war jedoch für alle Fälle so gefaßt, daß sie als solche von der Justiz – in einem Lande, in dem die Duelle bei Todesstrafe verboten waren – nicht hätte verfolgt werden können. Das ist der Inhalt des Briefes, von dem eine genaue Kopie sich im Besitz dessen befindet, der gerade dabei ist, diesen Vorfall niederzuschreiben:

Monseigneur,
Hier au soir, sur le théâtre, Votre Excellence m'a insulté de gaieté de cœur, et elle n'avoit ni raison, ni droit d'en agir ainsi vis-à-vis de moi. Cela étant, je juge, Monseigneur, que vous me haïssez; et que par conséquent vous voudriez me faire sortir du nombre des vivants. Je puis et je veux contenter Votre Excellence.

Ayez la complaisance, Monseigneur, de me prendre dans votre équipage, et de me conduire où ma défaite ne puisse pas vous rendre fautif vis-à-vis des lois de la Pologne, et où je puisse jouir du même avantage, si Dieu m'assiste au point de tuer Votre Excellence.

Je ne vous ferais pas, Monseigneur, cette proposition, sans l'idée que j'ai de votre générosité.

J'ai l'honneur d'être, Monseigneur, de Votre Excellence le très humble et très obéissant serviteur.

G. C.

ce mercredi, 5 mars 1766, à la pointe du jour.

Exzellenz,
Gestern abend haben Sie mich im Theater mutwillig beleidigt, ohne einen Grund noch ein Recht zu diesem Verhalten zu haben. Daraus schließe ich, Exzellenz, daß Sie mich hassen und aus dem Kreise der Lebenden zu entfernen wünschen. Ich kann und ich will Sie zufriedenstellen.

Wollen Sie daher die Güte haben, Exzellenz, mich

in Ihrer Equipage mitzunehmen, und mich an einen Ort zu führen, wo meine Niederlage Sie nicht schuldig im Sinn der polnischen Gesetze werden lassen kann und wo ich des gleichen Vorzugs genieße, wenn Gott mir helfen sollte, Ew. Exzellenz zu töten.

Ich würde mit diesem Vorschlag nicht an Sie herantreten, Exzellenz, wenn ich nicht von Ihrer ehrliebenden Gesinnung überzeugt wäre.

Ich habe die Ehre, Ew. Exzellenz untertänigster und gehorsamster Diener zu sein. G. C.
Mittwoch, 5. März 1766, bei Tagesanbruch.

Nachdem er diesen Brief abgeschrieben und versiegelt hatte, rüttelte er einen Kosaken, der immer in voller Kleidung vor der Tür seines Zimmers schlief, wach und schickte ihn zu Hofe, wo der Podstoli seine Wohnung hatte; er befahl ihm, den Brief abzugeben, ohne zu sagen, wer ihn geschickt habe, und sofort zurückzukehren. So geschah es. Schon vor Ablauf einer halben Stunde händigte ein Page dem Venezianer einen Brief ein, den der Podstoli selbst geschrieben und gesiegelt hatte.

Monsieur,
J'accepte votre proposition, mais vous aurez la bonté, Monsieur, de vouloir bien m'avertir quand j'aurai l'honneur de vous voir. Je suis très parfaitement,
Monsieur,
Votre très humble et très obéissant
5 mars 1766. *Serviteur Branicki P.*

Mein Herr,
Ich nehme Ihren Vorschlag an, aber Sie werden die Güte haben, mein Herr, mir mitzuteilen, wann ich die Ehre haben werde Sie zu sehen. Ich bin,

mein Herr,

Ihr untertänigster und gehorsamster Diener

Branicki P.

5. März 1766

Der vornehme Lakonismus dieses Schreibens ließ erkennen, daß der Podstoli nicht eine Minute lang gezögert hatte, die Herausforderung anzunehmen, sondern daß dies eher mit Vergnügen geschehen war. In demselben Augenblick, da ihm klar wurde, einen Mann beleidigt zu haben, der ihn nicht fürchtete, mußte ihm auch ein schrecklicher Gedanke gekommen sein, daß nämlich der Herausforderer meinen könnte, es mit einem Feigling, den er zerschmettern werde, zu tun zu haben. Dann dachte er sich, daß der Mann, der ihn herausgefordert hatte, möglicherweise sich selbst für mutiger hielt als ihn; darüber mußte er allerdings lachen. Endlich kam ihm in den Sinn, daß er unglücklicherweise vielleicht einen unerschrockenen Mann beleidigt habe, und daß es folglich seine moralische Pflicht sei, ihm Genugtuung zu leisten, auch, wenn es sein mußte, indem er ihn tötete; aber damit würde er ihm zugleich Ehre antun und ihn beklagen, daß er sich eher habe umbringen lassen als eine kleine Kränkung von ihm hinzunehmen; bei diesem Gedanken bereitete ihm zugleich die Aussicht auf einen neuen Triumph einiges Vergnügen.

Er beeilte sich also, die Herausforderung anzunehmen; der andere sollte ihn nicht für ängstlich halten und dadurch noch übermütiger werden. Auch ein anderer boshafter Gedanke kam ihm noch. Er stellte sich vor, daß der Herausforderer, als er den Brief schrieb, gehofft hatte, er, der Podstoli, werde die Forderung nicht annehmen. Er akzeptierte also und erwartete nun seinerseits, den anderen bei einer Feigheit zu ertappen; dann wäre er gerechtfertigt gewesen, weil alle Welt hätte einsehen müssen, daß er nur einen niedrigen Charakter beleidigt hätte. Im Grunde seines Herzens aber hoffte er, daß der Herausforderer mutig sein möge; denn daß ein tapferer Mann einen anderen für noch mutiger als sich selbst hält, das allerdings passiert nie, und deshalb sieht jeder seinen bevorstehenden Sieg, dessen er in seinem Innersten gewiß ist, in umso hellerem Lichte. So sind die Gedanken beschaffen, die bei derlei Gelegenheiten dem wahrhaft vornehmen Manne durch den Kopf gehen. Der Mann von vornehmer Gesinnung, der einen anderen beleidigt hat, sucht nicht nach Ausflüchten, um diesem nicht jede erdenkliche Satisfaktion zu geben. Wer hierzu nicht sofort bereit ist, ist ein Taugenichts, es sei denn, er kann beweisen, daß die von ihm beleidigte Person nichts anderes verdiente oder von so niedriger Gesinnung ist, daß man sie gar nicht beleidigen kann; oder auch, daß sie aufgrund ihres untergeordneten Standes eine Beleidigung schweigend zu ertragen hat.

Zufrieden mit der günstigen Wendung der Sache, schrieb der Venezianer unverzüglich zurück:

Je me rendrai, Monseigneur, demain matin jeudi, à l'antichambre de V. E.; j'attendrai votre réveil et j'aurai toute la journée libre. Vous ne sauriez penser, Monseigneur, combien je me crois honoré par la réponse que V. E. m'a faite. J'ai l'honneur, etc. – Morgen früh, Donnerstag, werde ich mich, Exzellenz, in Ihr Vorzimmer begeben und dort warten, bis Ew. Exzellenz erwacht sind; ich werde den ganzen Tag zu Ihrer Verfügung stehen. Sie können kaum ermessen, Exzellenz, welche Ehre Sie mir durch Ihre Antwort erwiesen haben. Ich bin, etc.

Er übergab diese Antwort demselben Pagen, der nach einer Viertelstunde mit folgender Nachricht des ungeduldigen Podstoli zurückkehrte:
Je ne consens pas à transporter à demain une affaire qu'on doit terminer aujourd'hui. Je vous attends chez moi d'abord. Marquez-moi, en attendant, les armes et le lieu, etc. – Ich bin nicht damit einverstanden, eine Sache auf morgen zu verschieben, die heute beendet werden muß. Ich erwarte Sie sofort bei mir. Wählen Sie inzwischen die Waffen und den Ort, etc.

Der Venezianer antwortete ihm:
Je n'aurai point d'autre arme que mon épée, et quant au lieu ce sera où V. E. me conduira, hors de la starostie de Varsovie; mais pas avant demain, puisqu'aujourd'hui j'ai un paquet à remettre au roi, j'ai pris médecine, et j'ai un testament à faire. Je suis, etc. – Ich werde keine andere Waffe als meinen Degen haben; der Ort wird sein, wohin jenseits der Grenzen der Starostei von Warschau Ew. Exzellenz mich zu bringen belieben; jedoch nicht vor morgen, denn

heute habe ich eine Sendung an den König aufzugeben, ich habe Medizin eingenommen, und ich muß ein Testament machen. Ich bin, etc.

Zur Überraschung des Venezianers, der zu Bett lag, erschien, eine halbe Stunde, nachdem dieser Brief aufgegeben worden war, der Podstoli allein in seinem Zimmer, um, wie er sagte, mit ihm eine geheime Angelegenheit zu besprechen. Auf diese Worte hin verließen die Bedienten, die sich zufällig dort aufhielten, von sich aus das Zimmer, und die beiden Hauptakteure blieben allein zurück; der Podstoli setzte sich auf das Bett. An dieser Stelle bittet der Erzähler, ihm nachzusehen, daß er nun die dramatische Form der Darstellung wählt; er tut es, um diese Geschichte so wahrheitsgetreu und so klar wie möglich wiederzugeben.

Podstoli (auf dem Bett des Venezianers sitzend): Ich bin gekommen, um Sie zu fragen, ob Sie sich über mich lustig zu machen gedenken.

Venezianer: Wie käme ich dazu! Ich habe für Ihre Person, mein Herr, den größten Respekt, den man überhaupt haben kann.

Podstoli: Sie schicken mir eine Forderung, und, nachdem ich sie augenblicklich angenommen habe, versuchen Sie, Zeit zu gewinnen. Bei der Beleidigung, die ich Ihnen angeblich angetan habe, müßten Sie es eigentlich eiliger haben, sich von diesem Makel zu befreien.

Venezianer: Seit Sie meine Forderung angenommen haben, fühle ich mich von dieser unangenehmen Last schon zu einem guten Teil befreit. Eine Verschiebung von vierundzwanzig Stunden fällt nicht ins Gewicht. Nach der Vereinbarung, die wir bereits getroffen haben, ist unser Zwist mit den Regeln der Höflichkeit sehr wohl vereinbar. Wer zwingt uns denn, uns heute schon anstatt morgen zu schlagen?

Podstoli: Meine Überzeugung, daß, wenn wir uns nicht sofort schlagen, wir es niemals mehr tun werden.

Venezianer: Wer sollte uns daran hindern können?

Podstoli: Ein Haftbefehl für uns beide im Namen des Königs.

Venezianer: Wie das? Wer sollte denn S. M. von unserer Absicht unterrichten?

Podstoli: Ich jedenfalls nicht.

Venezianer: Ich auch nicht.

Podstoli: Mag sein. Aber ich kenne die Tricks, die bei Ihnen zu Hause üblich sind.

Venezianer: Ich verstehe was Sie meinen, aber Sie irren sich gründlich. Meine Nation hat der Ihren die Tapferkeit und die Regeln der Höflichkeit erst beigebracht, und, was mich betrifft, so werde ich Sie zwingen, sie auch einzuhalten. Glauben Sie mir, es liegt mir ebenso fern, dem Kampf mit Ihnen auszuweichen, wie ich es mir angelegen sein ließe, hundert Meilen zu Fuß zurückzulegen, um dieser Ehre teilhaftig zu werden: so groß ist die Achtung, die ich Ihrer Person entgegenbringe; außerdem habe ich Ihnen gegenüber eines voraus, nämlich, daß ich Sie keiner ehrlosen Handlung für fähig halte.

Podstoli: Es freut mich, daß Sie mich so gut kennen. Was mich betrifft, so fühle ich mich nicht verpflichtet, von Ihnen ebenso gut zu denken wie Sie von mir, denn ich habe keine Ahnung wer Sie sind. Zwar bestätige ich Ihnen gern, daß Ihre Herausforderung mich für Sie eingenommen hat, andererseits aber scheint mir Ihr Versuch, unser Treffen hinauszuschieben, ein schlechtes Zeichen zu sein. Lassen Sie uns nicht soviele Worte machen; wenn wir uns heute noch schlagen, so wäre dies auch ein überzeugender Beweis dafür, daß Sie nicht, wie ich vermuten muß, irgendwelche Winkelzüge ausbrüten.

Venezianer: Ich habe Medizin genommen, ich muß einige sehr wichtige Briefe schreiben, und ich muß ein kleines Testament aufsetzen.

Podstoli: In sechs Stunden wird die Medizin ihre Wirkung getan haben; die Briefe können Sie schreiben, nachdem wir uns geschlagen haben, und wenn Sie dabei sterben sollten, dann, glauben Sie mir, wird die Nachwelt Ihnen das nicht als großen Fehler ankreiden; und die Sache mit dem Testament finde ich wirklich komisch. Sie nehmen so ein Duell einfach zu ernst; glauben Sie mir, man stirbt dabei nicht so leicht. Haben Sie keine Angst. Sie sollten in diesem Punkte denken wie ich, das sind Lappalien. Um es kurz zu machen: nachdem Sie mich herausgefordert haben und ich akzeptiert habe, ist es mein Recht, darauf zu bestehen, daß wir uns heute schlagen oder überhaupt nicht. Ich denke, Sie haben mich verstanden.

Venezianer: Ich habe Sie so gut verstanden, daß Sie mich überredet oder vielmehr überzeugt haben. Ich bin bereit, mit Ihnen auszufahren, um mich um drei Uhr nachmittags mit Ihnen zu schlagen.

Podstoli: So gefallen Sie mir! Bravo! Aber ich muß Ihnen noch etwas sagen.

Venezianer: Ich bitte darum.

Podstoli: Sie haben mir geschrieben, daß Ihre Waffe der Degen sein wird. Daraus wird nichts.

Venezianer: Warum?

Podstoli: Mit einem Mann, den ich nicht näher kenne, brauche ich mich nicht mit dem Degen zu schlagen. Es könnte ja sein, daß Sie in dieser Kunst ein allzu geschickter Meister sind, so daß Sie mir einen zu großen Vorteil voraushätten. Was mich betrifft, so kann ich mit dem Degen nur so gut umgehen, wie es sich für jeden Kavalier, dessen Beruf der Krieg ist, gehört.

Venezianer: Sie könnten einen Fechtmeister zurückweisen, das ist richtig, aber nicht mich. Ich verstehe vom Fechten natürlich viel weniger als Sie, denn Ihr Beruf war nie der meine.

Podstoli: Wie gesagt: ich kenne Sie nicht. Wir werden uns mit Pistolen schlagen. Auf die Waffe kommt es nicht an; der Mut, den man braucht, ist der gleiche.

Venezianer: Pistole ist zu gefährlich. Zu meinem größten Schmerz könnte ich das Unglück haben, Sie zu töten, und umgekehrt könnten auch Sie, gegen Ihren Willen, und obwohl Sie mich möglicherweise kaum hassen, mich umbringen. Also besser keine Pistolen. Mit dem Degen in der Hand werde ich Sie kaum tödlich treffen; wenige Tropfen Ihres Blutes werden mehr als genug sein, die Kränkung, die Sie mir zugefügt haben, ungeschehen zu machen. Und da ich mich so gut es geht in acht nehmen werde, wird es auch Ihnen nicht gelingen, mir, wenn Sie mich treffen sollten, mehr als die Haut zu ritzen, und auch in diesem Falle wird ein wenig Blut genügen, den häßlichen Fleck, den Sie meiner Ehre zugefügt haben, abzuwaschen. Im übrigen sollten Sie daran denken, daß Sie mir die Wahl der Waffen gelassen haben; ich habe den Degen gewählt, und nur mit dem Degen will ich mich schlagen; Sie haben nicht das Recht, ihn abzulehnen.

Podstoli: Das ist wahr, ich kann es nicht leugnen: ich habe nicht mehr das Recht, mein Wort zurückzuziehen; aber wenn ich Sie darum bäte, wie man einen Freund um einen Gefallen bittet?

Venezianer: Einen Gefallen! Das ist barbarisch!

Podstoli: Doch: einen Gefallen. Hören Sie mich an. Wir werden unser Duell mit einem schönen Kugelwechsel beginnen, und wenn Sie dann noch wollen, können wir uns nach Herzenslust mit dem Degen schlagen. Das ist der Gefallen, um den ich Sie bitte. Wären Sie fähig, mir eine so geringe Bitte abzuschlagen?

Venezianer: Wenn das wirklich, wie Sie sagen, für Sie einen Gefallen darstellt, dann wird es mir ein Vergnügen sein, Sie zufriedenzustellen. Ganz nach Ihrem Willen wird also jeder von uns einen schönen Pistolenschuß abgeben; aber ein bißchen lächerlich kommt mir die Sache doch vor, denn dieser Schuß wird, denke ich, keiner von der ganz gefährlichen

Sorte sein. Trotzdem bitte ich Sie, ein paar Duellpistolen mitzubringen, denn bei meinen handelt es sich eher um elegante Exemplare.

Podstoli: Ich werde tadellose Waffen mitbringen. Ich bin Ihnen sehr verpflichtet. Ich danke Ihnen und spreche Ihnen meine Hochachtung aus. Sie werden mit mir kommen, unser Duell wird uns beide vollständige Genugtuung verschaffen, und anschließend werden wir gute Freunde sein. Ich werde Sie heute nachmittag drei Uhr abholen. Versprechen Sie mir, pünktlich zu sein?

Venezianer: Ich verspreche Ihnen, mein Herr, daß Sie diese hohen Treppen nicht noch einmal heraufsteigen müssen. Ich werde vollkommen bereit sein.

Podstoli: Das genügt mir. Adieu.

Sobald der Venezianer wieder allein war, stellte er seine Aufzeichnungen, die von größter Bedeutung waren, zu einem Paket zusammen und versiegelte es. Dann dachte er darüber nach, wem er genug Vertrauen entgegenbringen könne, um sie ihm anzuvertrauen; schließlich entschied er sich für einen venezianischen Tanzmeister namens Vincenzo Campioni, der damals in Warschau lebte. Er ließ diesen Mann holen und fragte ihn, indem er ihm das Paket überreichte, ob er willens sei, einen Auftrag, der ihm wichtiger sei als das eigene Leben, getreulich auszuführen. Dieser verpflichtete sich dazu. Daraufhin sagte ihm der Venezianer: »Wenn Sie heute abend mit mir sprechen können, werden Sie mir dieses Paket zurückgeben; wenn nicht, übergeben Sie es direkt an S. M.; sollte dieser

Auftrag Ihnen jetzt verdächtig vorkommen, so weise ich Sie darauf hin, daß, wenn Sie es wagen sollten, darüber mit irgend jemandem zu sprechen, Sie mir gegenüber zum Verräter werden und in mir Ihren schlimmsten Feind zu sehen hätten.«

Campioni wußte, was tags zuvor zwischen dem Venezianer und dem Podstoli vorgefallen war, und da er diesen am Morgen zufällig aus dem Hause des Venezianers hatte kommen sehen, vermutete er, daß es sich um ein Duell handle. Er fürchtete sehr für das Leben des Venezianers, dem er zu Dank verpflichtet war. Ob der Zweikampf stattfinden könnte, hing jetzt also nur von ihm ab; hätte er sich zum König begeben, um ihm alles zu berichten, so hätte er von seinem Freunde die Gefahr abgewendet, das Leben oder die Freiheit zu verlieren. Aber er tat es nicht; er wäre sonst ein Schurke gewesen, ein Meineidiger, ein Feigling, ein Verräter, mit einem Wort, ein falscher Freund.

Der wahre Freund dagegen tut alles, um den andern vollständig zufriedenzustellen, und in seinen Augen ist von Übel, was allen anderen aus mancherlei Gründen wohlgetan scheinen mag. Der wahre Freund bewährt sich gerade in solchen Angelegenheiten, in denen das Interesse oder die Ehre eine vollständige Aufklärung verbieten. Ohne weiteres bringt man ihn dazu, das einzusehen und zu verstehen, was man ihm weder direkt offenbaren noch sagen kann; und er ist durch diese Zurückhaltung weder beleidigt, noch betreibt er die Sache mit weniger Eifer als er es getan hätte, wenn sein Freund ihm alles erklärt und sich seiner Diskretion anvertraut hätte. Der wahre Freund also ist nur dann mit sich zufrieden, wenn es auch derjenige ist, für den er tätig gewesen ist, denn bei allem was er tut kennt er kein eigenes Interesse, nur das des Freundes, für den er sich einsetzt. Der falsche Freund dagegen ist immer unzufrieden mit dem, was er tun soll; er ist voll von Gedanken, die er nicht ausspricht; immer hat er ein persönliches Interesse bei der Sache, die ihm anvertraut ist; und er hat immer irgendein geheimes Ziel, das er niemals eingestehen würde. Wenn es darum ginge, eine Sache gemäß dem ihr innewohnenden Sinne auszuführen, nimmt er sie *ad verbum*, und wenn es darauf ankäme, vom Wortlaut auf keinen Fall abzuweichen, fallen ihm eine Unmenge Spitzfindigkeiten ein. Immer hat er etwas nicht richtig gelesen oder falsch verstanden, und niemand hat ihn je genügend aufgeklärt.

Nachdem der Venezianer das Paket in Sicherheit wußte, hatte er Lust auf ein delikates Mittagessen und bestellte alles hierzu Notwendige; außerdem lud er zwei wohlunterrichtete junge Kavaliere, ein liebenswürdiges Brüderpaar, das ihn mit seiner Freundschaft beehrte, zu dieser Mahlzeit um die Mittagsstunde ein. Die köstlichen Speisen, der gute Wein und die angenehme Gesellschaft ausgewählter Personen, vor allem aber die Gefühle freundschaftlicher Zuneigung bewirken, daß ein gesunder Mensch das höchste Maß seiner Leistungsfähigkeit erreicht. Ein solches Mahl bringt alle Körpersäfte in ein stabiles Gleichgewicht, es kräftigt den Leib, stärkt alle physischen Kräfte und bringt jene Zuversicht des Geistes hervor, die alle Fähigkeiten erweckt; diese Eigenschaften, dazu ein unverzagter Mut, verbinden sich zu einem Individuum, das aufs beste gerüstet ist, eine bedeutende Tat zu vollbringen, bei der es seiner selbst ganz gewiß sein muß, um sich nicht, falls die Sache kein glückliches Ende nimmt, Vorwürfe machen oder von anderen vorhalten lassen zu müssen, es habe ein Versäumnis begangen. Der Venezianer wußte aber auch, daß durch Essen und Trinken die Kräfte des Körpers und des Geistes eingeschläfert und gedämpft werden können, wenn man nämlich zu viel des Guten tut; in diesem Falle stellt sich nach der Mahlzeit eine schläfrige Mattigkeit ein, deren die Natur nicht so prompt bedürfte, wenn sie nicht durch übermäßige, schwere oder schlecht zubereitete Speisen strapaziert und niedergedrückt worden wäre. Die französische Küche, die sich zu Recht allgemeiner Beliebtheit erfreut, bringt bei den Kennern weder Schläfrigkeit zur falschen Zeit, noch Verdauungsstörungen, noch Reue hervor, wenn man mit gutem Appetit ihren Köstlichkeiten zugesprochen hat. Es gibt niemanden, weder Mann noch Frau, der nicht nach einer delikaten Mahlzeit schöner, gesprächiger, lebhafter, höflicher, urteilskräftiger und sich selbst gegenwärtiger wäre, reich an schönen Gedanken und verwegenen Einfällen, die geeignet sind, ehrbare und nicht unstatthafte Vergnügungen hervorzubringen, während die arme Menschheit sonst, sich selbst überlassen, eine unerschöpfliche Quelle von Elend, Langeweile und quälenden Zwistigkeiten ist.

Wie also gutes Essen einen gesunden Körper zur

Folge hat, so zweifellos auch die Ruhe und Gelassenheit des Geistes, dessen Antrieb ausschließlich aus körperlichen Wahrnehmungen herrührt. Weh denen jedoch, die sich in der Welt den Namen eines Vielfraßes erworben haben. Unter ihnen gibt es kaum einen, der weiß, was richtig zu essen heißt; die Fresserei ist ihr Abgott, und wenn wir sie betrachten, so entdekken wir weder an ihrem Körper noch in ihrem Geist auch nur einen einzigen Hinweis auf jene richtige Ernährung, deren Lob ich gerade vorgetragen habe. Das übermäßige Essen bringt Krankheiten hervor, verkürzt das Leben und stumpft die Kräfte der Seele ab.

Dulcia se in bilem vertent, stomachoque tumultum
Lenta feret pituita. Vides ut pallidus omnis
Caena desurgat dubia? quin corpus onustum
Hesternis vitiis animum quoque pregravat una,
Atque adfigit humo divinae particulam aurae.[2]

Nachdem der Venezianer gut gespeist und dazu unvermischten Burgunder getrunken hatte, bat er seine Freunde, ihn zu verlassen. Da Posttag war, konnte diese Bitte nicht als Unhöflichkeit aufgenommen werden. Allein zurückgeblieben, machte er sich bereit, um den Podstoli, der bald darauf erscheinen mußte, nicht warten zu lassen. Dieser kam auch zur festgesetzten Stunde in einem englischen Viersitzer sechsspännig herangeprescht. Der Venezianer ging rasch die Treppe hinunter, so daß er schon an der Tür der Berline stand, als der Podstoli gerade aussteigen wollte. Außer diesem waren in der Karosse ein Kammerherr, der den Rang eines Generaladjutanten des

Königs innehatte, und einer seiner Jäger. Der Generaladjutant, der neben dem Podstoli gesessen hatte, räumte für den Venezianer seinen Platz und setzte sich auf einen Vordersitz; der Venezianer aber, der schon den Fuß auf dem Trittbrett hatte, hielt inne, als er, außer den Postillionen, noch Jäger, Läufer, Reitknechte und Pagen sah, des weiteren einen zweiten Generaladjutanten zu Pferde mit einem Bedienten, der zwei aufgezäumte Pferde führte. Daraufhin wandte er sich um und sagte seinen beiden Dienern, die gerade hinten aufsteigen wollten, daß sie ihm nicht folgen, sondern dableiben und auf seine Befehle warten sollten. Als der Podstoli das hörte, sagte er: »Lassen Sie sie mitkommen, es könnte ja sein, daß Sie sie brauchen werden.« Der Venezianer antwortete: »Wenn ich schon nicht so viele Diener wie Sie mitnehmen kann, verzichte ich auch auf diese beiden traurigen Gestalten; Sie haben genug Dienerschaft dabei, um mir helfen zu lassen, wenn ich es brauchen sollte. Darauf kann ich doch zählen?« – »Ja«, sagte der andere, »und ich verspreche bei meinem Ehrenwort, daß sie sich um Sie noch eher als um mich kümmern werden.« Damit streckte er ihm die Hand hin, die der Venezianer ergriff; er stieg ein und setzte sich neben ihn. Sie fuhren sofort los; er wußte nicht, wohin die Fahrt ging und fragte auch nicht.

Sie hatten noch nicht die Stadt verlassen, als der Venezianer es für ein Gebot der Höflichkeit hielt, das Schweigen zu brechen. Er fragte also den Podstoli, ob er vorhabe, während des kommenden Sommers in Warschau zu bleiben; dieser antwortete: »Das hatte ich mir tatsächlich vorgenommen, aber Sie werden vielleicht der Grund dafür sein, daß ich es mir anders überlegen muß.« Der Venezianer erwiderte, er hoffe, nichts verursachen zu müssen, was ihm mißfallen könnte. – Darauf der andere: »Ich denke, daß Sie ein Edelmann sind oder daß Sie im Kriege gedient haben...« – Der Venezianer unterbrach ihn und sagte, er habe sich noch nie so vornehm gedünkt wie an diesem Tage; »warum aber«, fragte er, indem er den Podstoli ansah, »fragen Sie mich das?« – »Ich weiß nicht«, versetzte der andere lebhaft und lächelte; »etwas anderes ist mir nicht eingefallen; bitte lassen Sie uns nicht mehr darüber reden.« Sie schwiegen. Da die Pferde trotz des vielen Schnees gut vorwärtskamen, erreichten sie zweieinhalb Stunden vor der Dunkelheit Wola, einen großen Garten, der dem General der Artillerie in der polnischen Armee, Grafen Brühl, gehörte; zu jener Zeit hielt er sich gerade in Dresden auf.

Nachdem sie den Garten betreten hatten, hielt der Podstoli, neben sich den Venezianer und begleitet von seinem gesamten Gefolge, unter einem ovalen, etwa zehn Meter langen Laubengang an; in der Mitte stand ein Tisch aus Stein. Auf ein Zeichen hin legte sein Jäger auf diesen Tisch ein Paar langläufige Pistolen, deren polierter Stahl glänzte; dazu eine kleine Werkzeugtasche und ein Futteral, aus dem er Pulver, Kugeln und eine Waage hervorholte, schließlich auch eine Art Winde, die zum Laden dieser Waffen notwendig ist. Dann zeigte er den beiden Hauptakteuren, die ihm bei seinen Verrichtungen genauestens zusahen, daß die beiden Pistolen leer waren, wählte zwei Kugeln von genau gleichem Gewicht und Kaliber aus, wog zwei gleiche Portionen Pulver ab, und lud. Danach forderte der Podstoli den Venezianer höflich auf, die ihm genehme Waffe zu wählen, er selbst werde die andere nehmen. Hieran jedoch wurde der Venezianer durch den Generaladjutanten des Königs gehindert. »Hier handelt es sich«, sagte er auf deutsch, »um ein Duell. Ich werde das nicht zulassen.« – »Sie brauchen nicht zu wissen«, antwortete ihm Branicki, »worum es sich handelt, schweigen Sie, und sehen Sie zu, was geschieht, dann können Sie sprechen.« – »Ich kann das nicht ignorieren«, erwiderte der andere, »wir sind in der Starostei von Warschau, ich habe heute Dienst, Sie haben mich getäuscht und vom Hof weggelockt, um mich zum Zeugen eines Deliktes zu machen, das mir den Unwillen S. M. zuziehen wird. Nachdem Sie mich aber hierher gebracht haben, werde ich mich Ihrem Vorhaben widersetzen.« – »Wie wollen Sie das tun?« fragte der andere lächelnd. »Der König wird Ihnen verzeihen, wenn er erfährt, daß Sie von den Ereignissen überrascht worden sind, und auch im übrigen können Sie beruhigt sein, denn ich werde alle Folgen aus dieser Angelegenheit, bei der aus guten Gründen ich Ihre Anwesenheit wünsche, auf mich nehmen. Haben Sie mich verstanden? Gehen Sie also ein paar Schritte zur Seite und lassen Sie uns fortfahren. Ich bin ein Mann von Ehre und schulde Satisfaktion, wenn jemand das Recht zu haben glaubt, sie von mir zu verlangen, und ich will diesem Italiener beweisen, *que je sais payer de ma personne*, daß ich für meine Taten mit meinem Leben einstehe.« – »Dann müssen also Sie, Herr C...«, sagte daraufhin der Generaladjutant, »dieses Duell verhindern. Ich fordere Sie auf, den Grund Ihrer Klage S. M. vorzulegen, und weise Sie darauf hin, daß Sie sich hier nicht duellieren können, da Sie sich in der Starostei des Königs befinden.« Die Antwort des Venezianers war, daß es nicht seine Absicht sei, sich zu schlagen, sondern sich zu verteidigen, was er selbst in der Kirche tun würde; aber wenn es sich darum handelte, dem König ein Zeichen seiner Verehrung zu geben (bei diesen Worten lüftete er den Hut), indem er sich an ihn wende zum Ausgleich für ein Unrecht, das ihm der Herr Podstoli angetan habe, so sei er hierzu untertänigst bereit, vorausgesetzt, der Herr Podstoli bitte ihn darum; er werde auch auf alle weitere Satisfaktion verzichten, wenn dieser in seiner, des Generaladjutanten Gegenwart, erklären wolle, er *bedaure, ihm gestern jene beleidigenden Worte gesagt zu haben*. Hierauf sagte der Podstoli mit unfreundlicher Miene, indem er den Venezianer scharf fixierte: »*Monsieur! je ne suis pas venu ici pour raisonner, mais pour me battre* – ich bin nicht hierhergekommen um herumzureden, sondern um mich zu schlagen.« Daraufhin verdrehte der Generaladjutant die Augen zum Himmel, schlug sich mit der Rechten an die Stirn und zog sich einige Schritte zurück. Der Podstoli, dessen Gesicht sich wieder aufgeheitert hatte, zog seinen Pelz aus und gab ihn, zusammen mit seinem Degen, an einen Pagen. Der andere scheute sich, es ihm nicht gleichzutun: auch er gab also dem Pagen seinen Degen, aber wider Willen, denn er wußte nicht, wie die Sache, der er nun unbewaffnet ausgeliefert war, ausgehen würde. Er dachte einen Augenblick daran, den Degen zu behalten und den Podstoli an die Abmachung zu erinnern, nach dem Kugelwechsel sich seiner zu bedienen; aber er fürchtete, weniger höflich als sein Gegner und zu mißtrauisch zu sein. Der Podstoli forderte ihn nun erneut auf, eine der Pistolen zu ergreifen, die mit gekreuzten Läufen auf dem Tisch lagen. Der Venezianer nahm die Waffe, deren Kolben gegen ihn gekehrt war, worauf der Podstoli sofort die andere ergriff, indem er sagte: *»L'arme que vous tenez, Monsieur, est parfaite; j'en suis garant.* – Ihre Waffe ist vollkommen in Ordnung, ich bürge dafür.« Auf diesen von einer eher förmlichen Höflichkeit geprägten Satz hin kam dem anderen eine Antwort in den Sinn, die vielleicht zu aufrichtig war: *»Actuellement, Monseigneur, je le crois, mais je ne le saurai qu'après en avoir fait l'expérience contre votre tête; prenez garde à vous.* – Jetzt glaube ich es, Exzellenz, aber wissen werde ich es erst, wenn ich sie gegen Ihren Kopf abgefeuert haben werde; nehmen Sie sich in acht.« Mehr wurde nicht geredet; die Pistolen gesenkt, einander anschauend, ging jeder langsam zehn Schritte zurück, so daß sie ungefähr zehn Meter voneinander entfernt standen, was ungefähr der Länge des Laubengangs entsprach. Der Venezianer, der die Pistole bereits erhoben, ihren Lauf aber noch gegen die Erde gerichtet hielt, stellte sich seitwärts auf, wie wenn er zu einem Kampf mit dem Degen anträte, aber ohne in Ausfallstellung zu gehen; in dieser Position lüftete er den Hut, führte ihn zum linken Knie und rief dem Podstoli zu: »*Votre Excellence m'honorera de tirer le premier.* – Ew. Exzellenz wird mir die Ehre erweisen, zuerst zu schießen.« Dieser antwortete: »*Mettez-vous en garde!*« In demselben Augenblick setzte der Venezianer sich den Hut auf, legte die Hand an seine linke Seite, hob mit der anderen die Pistole, und als er sie auf den Körper des Podstoli gerichtet sah, drückte er ab: in diesem Moment schoß auch der andere, so daß die Umstehenden nur einen einzigen Knall hörten, weil beide gleichzeitig feuerten. Hätte der Podstoli keine Zeit verloren, so hätte er sicher vor dem anderen geschossen und ihn vielleicht getötet; aber er verlor mindestens drei Sekunden, indem er antwortete: *mettez-vous en garde* (was ihn in diesem Augenblick gar nicht hätte kümmern dürfen); außerdem hatte er sich gestreckt, um mit aller Kraft seine Ausfallstellung in die Länge zu ziehen, so daß der andere nicht mehr seinen Kopf sehen konnte, auf den, wie er nach den Worten des Venezianers annahm, dieser zielen würde; in Wahrheit aber waren diese Worte nur so dahingesagt worden, ohne daß ihnen die Absicht entsprochen hätte, sie auszuführen, denn es ist sehr unvorteilhaft für einen Duellanten, sich den Kopf des Gegners, nicht die Brust zum Ziel zu nehmen. Nachdem der Venezianer seinem Gegner gesagt hatte: »Ew. Exzellenz wird mir die Ehre erweisen, zuerst zu schießen«, glaubte er nicht länger warten oder die Höflichkeit so weit treiben zu müssen, daß er die günstigste Aufstellung des anderen abgewartet hätte; er verzichtete auch auf den geringfügigen Vorteil, durch Einnehmen der Ausfallstellung sich etwas kleiner zu machen, sondern ohne sich zu bewegen oder einen Augenblick länger zu verweilen, aus seiner nicht unbequemen Position heraus, mit ruhiger Hand, schoß er und fühlte sich in demselben Augenblick an der linken Hand verletzt; er steckte sie schnell in eine Rocktasche, sah, daß der Podstoli sich mit der linken Hand auf den Boden stützte um nicht zu fallen, und hörte ihn sagen: *»Je suis blessé.«* Der Venezianer warf die Pistole weg und lief zu ihm hin, aber auf halbem Wege sah er zwei polnische Säbel über sich, bereit, ihn in Stücke zu hauen; und sie wären auch auf ihn niedergegangen, denn er war stehengeblieben und erwartete unbeweglich die beiden Hiebe, wenn der Kriegsheld, der sich kaum aufrechthalten konnte, den beiden Elenden nicht mit furchtbarem Zorn zugerufen hätte: *»Canaille, respectez ce chevalier!«** Auf diese Worte hin besannen sich diese Lumpen (nach polnischer Sitte freilich die wahren Freunde des Branicki) und zogen sich zurück. Der Venezianer lief auf die linke Seite dieses heldenmütigen Mannes, faßte ihn mit der Rechten unter der Achsel und hob ihn auf, während von der rechten Seite her der erschrockene General ihn unterstützte. Von diesen beiden gestützt und von seinen Leuten gefolgt, in gekrümmter Haltung, gelangte der Podstoli zu dem Gasthaus, das hundert Schritte ent-

* Zwischen *chevalier* im Französischen und *cavaliere* im Italienischen ist ein großer Unterschied. Um Vergebung, wer dieses Hinweises nicht bedurfte!

fernt war; ausgestreckt in einem großen Sessel, wollte er nun seine Wunde sehen. Während er auf dem Rücken lag, wurde seine Kleidung geöffnet, und nachdem die Bedienten das blutverschmierte Hemd entfernt hatten, konnte man erkennen, daß die Kugel auf der rechten Seite zwischen der dritten und vierten falschen Rippe in den Körper eingedrungen war; in einer Diagonalen, die etwa eine Handbreit lang war, war sie bis zum Zwerchfell gelangt, wo sie wieder ausgetreten war; die Eingeweide waren unverletzt geblieben, weil er sich, als er die Verletzung empfing, so weit ausgestreckt hatte. Während die Diener ihm den von Blut besudelten Bauch abwischten, stand der Venezianer neben ihm und konnte beobachten, daß er ab und zu nach seinem, des Venezianers, Bauch sah; als dieser daraufhin den Blick auf sich selbst wandte, mußte er entdecken, daß alles über und über voll von Blut war, das aus einer Bauchwunde drang; darüber wunderte er sich sehr, aber er machte keine einzige Bewegung.

Als der Podstoli seine schreckliche Wunde sah, befahl er, vollkommen gefaßt, in die Stadt zu fahren und Ärzte zu holen; zu dem Venezianer, der auf den Rücken seines Sessels gestützt dastand, sagte er: »*Monsieur, vous m'avez tué, j'ai le cordon de l'aigle blanc et une charge dans la couronne; les duels sont défendus, et nous sommes dans le district de Varsovie; vous serez condamné à mort; sauvez-vous; servez-vous de mes chevaux, dont je croyais devoir me servir moi-même, allez en Livonie et si vous n'avez pas d'argent, acceptez ma bourse.* – Sie haben mich getötet, ich bin Inhaber des Ordens vom Weißen Adler und ich habe eine Charge bei Hofe; Duelle sind verboten, wir sind hier im Distrikt von Warschau; man wird Sie zum Tode verurteilen; fliehen Sie; nehmen Sie meine Pferde – ich hatte erwartet, sie selbst zu brauchen; begeben Sie sich nach Livland; und falls Sie kein Geld haben, nehmen Sie auch meine Börse.« Der Venezianer, voll Bewunderung für so viel Großmut, antwortete, wobei ihm jedoch bange zumute war: »Ich würde Ihre Angebote annehmen, wenn ich daran dächte zu fliehen; aber ich gehe nach Warschau, um mich behandeln zu lassen, und zugleich hoffe ich, daß die Wunde, die Ihnen zuzufügen Sie mich gezwungen haben, nicht gefährlich sein möge. Sollte ich den Tod verdient haben, so werde ich selbst meinen Kopf vor dem Thron niederlegen. – *J'accepterais vos offres, Monseigneur, si je pensais à me sauver. Je vais à Varsovie me faire soigner de mes blessures, et je veux espérer que celle dont vous m'avez forcé à être l'auteur n'est pas dangereuse. Si je suis coupable de mort, je vais porter ma tête au pied du trône.«* Nach diesen Worten drückte er ihm einen Kuß auf die schweißnasse Stirn und verließ ihn; er beeilte sich, ein schneebedecktes Feld zu überqueren, um einen Schlitten mit zwei Pferden, den er ziemlich schnell auf der Hauptstraße herankommen sah, zu erreichen. Ohne diesen Schlitten, den ihm die Vorsehung geschickt hatte, wäre es ihm schlecht ergangen, denn zu Fuß in die Stadt zu gehen, wäre gefährlich und wegen des vielen Blutes, das er aus den Wunden in Hand und Bauch verlor, aber auch wegen der starken Schmerzen, die er jetzt zu spüren begann, sehr schwierig gewesen. Dieser Sachverhalt ließ dem Venezianer folgende kritische Überlegungen angebracht erscheinen.

Der Venezianer, den der Herr Podstoli mit sich genommen hatte, war allein, während er selbst von zehn Personen begleitet war; schon das war ein unerlaubter Übergriff, denn, wenn der Podstoli getötet worden wäre, so hätten seine Freunde den Anderen umgebracht. So wäre es ja auch beinahe gekommen; in solchen Fällen gebieten Ehre und Taktgefühl, daß man auf alles gefaßt ist. Außerdem hatte der Podstoli ihm versprochen, nach dem ersten Kugelwechsel mit dem Degen weiterzukämpfen, aber indem er am Ort des Treffens sich des Degens entledigte, zwang er den anderen, aus Anstand das gleiche zu tun, wodurch er ihn in höchste Gefahr brachte. Als der Venezianer zu ihm in den Wagen gestiegen war, hatte er ihm sein Ehrenwort gegeben, ihn zuerst durch seine Diener versorgen zu lassen, und auch das hatte er nicht gehalten, so daß, ohne diesen Schlitten, den ihm sicherlich sein Schutzengel geschickt hatte, er der Rache des tollwütigen Bissinski, der ihm glatt den Kopf abgeschnitten hätte, ausgesetzt gewesen wäre; tatsächlich erschien Bissinski zehn Minuten später, wie man alsbald hören wird.

Die Kugel des Podstoli hatte ihn eine Daumenbreite unter dem Nabel getroffen; sie streifte das Fleisch und ließ dort eine geringfügige Wunde zurück, die er, obwohl sie mehrere Tage lang eiterte, nicht spürte; sie war dann in die Muskulatur des Daumens der linken Hand eingedrungen, hatte die erste Phalanx zertrümmert und war alsdann, plattgedrückt, steckengeblieben; das zeigte sich, als der Chirurg, um die Kugel zu entfernen, den oberen Teil der Hand öffnen mußte.

Der Venezianer gab dem Bauern eine Zechine, bestieg den Schlitten, streckte sich aus und deckte sich mit einer Strohmatte zu, eher in der Absicht, sich vor dem von den Pferden aufgewirbelten Schnee zu schützen als sich zu verstecken. Damit hatte er genau das Richtige getan, denn der Schlitten hatte noch keine Meile zurückgelegt, als Bissinski in voller Karriere und mit gezogenem Säbel auftauchte; offensichtlich hatte er vor, mit der gleichen Hingabe, mit der der liebende Hirt auf den Wolf feuert, der ihm ein Lamm geraubt und zerrissen hat, den Venezianer in Stücke zu hauen. Diese seine polnische Absicht hätte Bissinski auch ausgeführt, ohne auch nur einen Gedanken darauf zu verschwenden, daß ein zivilisierter Mensch seine Tat als unehrenhaft, ja als ein Verbrechen angesehen hätte; so heroisch ist noch heutzutage in den Augen der Polen die Blutrache. Da er nicht auf den Gedanken kam, daß sich jemand unter der Strohmatte versteckt haben könnte, ritt er in rasendem Tempo weiter zu dem Gasthaus, wo sein verwundeter Freund auf Hilfe wartete, und der Venezianer gelangte nach Warschau, wo er im Hause des Fürsten Adam Czartoryski niemanden antraf und sich daher entschloß, im Kloster der Barfüßermönche sich zu kurieren.

Als er dort über und über mit Blut beschmiert vorsprach, hielt ihn der Pförtner für einen Übeltäter und wollte ihm die Tür vor der Nase zuschlagen. Hierzu aber ließ ihm der Venezianer nicht die Zeit; er drang gewaltsam ein, indem er den Mönch einfach umrannte, so daß dieser mit den Beinen in der Luft zappelte. Nun kamen viele Mönche herbeigelaufen, darunter auch der Bruder Guardian, der sich dazu entschloß, ihm ein Zimmer anzuweisen. Es war noch keine halbe Stunde vergangen, als sich in diesem Zimmer schon die bedeutendsten und angesehensten Kavaliere des Hofes drängten; der Podstoli wurde nämlich allgemein, trotz seiner Unerschrockenheit und Tapferkeit, als der größte Feind der Nation und Günstling des Königs angesehen, und daher wurde er von allen gefürchtet, gehaßt oder beneidet; alle die Verwünschungen, die gemeinhin den Günstlingen gelten, hatte auch er sich zugezogen. Die größten Magnaten eilten also zum Kloster, der eine, um zu hören was vorgefallen war, ein anderer, um den Verwundeten seiner Protektion zu versichern, wieder ein anderer, um ihm Geld anzubieten, das er, wäre er klug gewesen, auch angenommen hätte; aber ihn hatte eine Art dämonischer Heroismus erfaßt. Dennoch mußte er hundert Zechinen von dem Woiwoden annehmen, und von seinem Sohn, Fürsten Adam, freie Bewirtung an der täglichen Tafel; nicht für sich selbst, der kurz darauf mit einer Diät beginnen mußte, sondern für alle, die ihn zu den Mahlzeiten mit ihrem Besuch beehrten. Bald stellte sich ein französischer Wundarzt ein, um ihn zu versorgen; er ließ ihn zur Ader, öffnete ihm die Hand in der Nähe des Daumens, entfernte die Kugel, führte in die

Wunde ein seidenes Band ein und verordnete ihm schließlich ein Medikament, denn, so sagte er, ein Verwundeter müsse zunächst einmal einen ganz leeren Magen haben, und er dürfe auch keine Nahrung, mit Ausnahme von etwas Brühe, zu sich nehmen. Der Venezianer wagte nicht, sich zu widersetzen; er hätte es gern getan, wenn der Wundarzt, der mit seinen Lateinkenntnissen großtat, ihm nicht ein donnerndes *»Vulnerati fame crucientur«*[3] entgegengeschleudert hätte. Die Operation zur Entfernung der Kugel aus dem Daumen war äußerst schmerzhaft; der Venezianer jedoch lernte bei dieser Gelegenheit, daß es keinen körperlichen Schmerz gibt, den ein starker Charakter nicht verbergen kann: während der Chirurg bei der Arbeit war, erzählte er den Vorfall dem Woiwoden von Kalisch, Twardowski, und den anderen Magnaten, die dabeistanden; dabei gelang es ihm, den Schmerz, den er spürte, weder sichtbar werden zu lassen noch seinen Bericht unterbrechen zu müssen. *Non posso* kommt den Sterblichen viel zu häufig auf die Lippen; bei einem Menschen dagegen, der wirklich etwas will, kommt es nur sehr selten vor.

Gegen Abend besuchte Fürst Stanislaus Lubomirski (damals Strasnik, heute Marschall der polnischen Krone), ein gebildeter und äußerst liebenswürdiger Mann, den Venezianer in seiner Unterkunft, um ihm die noch schlimmeren Ereignisse, die nach dem Duell eingetreten waren, zu schildern. Als der wütende Bissinski seinen schwerverletzten Freund gefunden und erfahren hatte, daß der Venezianer sich davongemacht hatte, geriet er in Raserei; er stieg erneut zu Pferd, fest entschlossen, ihn auch in den entlegensten Winkeln zu suchen, aber nicht, um ihn zum Duell herauszufordern, sondern um ihn persönlich totzuschlagen, wo auch immer er ihn finden würde. Er kehrte zurück nach Warschau, wo, wie er vermutete, der Venezianer bei einem Landsmann, dem Grafen Tomatis, seinem Freund, Unterschlupf gefunden haben könnte. Außerdem dachte er sich, der Venezianer sei möglicherweise von Tomatis angestiftet worden, Branicki herauszufordern, um ihn, Tomatis, für eine schwere Beleidigung zu rächen, die er kurz zuvor vonseiten des Podstoli, den er dafür eigentlich sofort hätte erschlagen müssen, hingenommen hatte. Aber selbst wenn Bissinski hieran nicht gedacht haben sollte, so war ihm doch klar, daß Tomatis hocherfreut sein mußte über die Art und Weise, wie der Venezianer den allzu dreisten Kavalier für seine Unverschämtheit gedemütigt und bestraft hatte. Er fand, daß Tomatis sein Leben verwirkt habe und suchte ihn daher in der Absicht auf, ihn umzubringen, falls er den Venezianer nicht in seinem Hause antreffen sollte.

Im Hof saß er ab, stieg wütend die Treppe hinauf, fand Tomatis in einer Gesellschaft von schönen Damen und Kavalieren, und forderte ihn auf, ihm sofort den Venezianer auszuliefern; als Tomatis erwiderte, er wisse nicht, wo dieser sich aufhalte, zog der andere eine Pistole aus der Tasche und feuerte sie auf seinen Kopf ab. Der Schuß verfehlte sein Ziel. Graf Moszyński, königlicher Stolnik, ein liebenswürdiger, gebildeter, großzügiger und sehr kräftiger Mann, der sich unter den Gästen befand, versuchte, den Wütenden zu packen, um ihn aus dem Fenster zu werfen; da Bissinski unglücklicherweise aber den rechten Arm frei hatte, fügte er Mosczyński zwei Säbelhiebe zu, von denen einer den linken Arm traf, während der andere ihm das Gesicht zerschnitt; der Hieb hinterließ eine lange Wunde, die von dem oberen Teil der linken Wange bis zur rechten Seite des Kinns verlief; die Lippe war zerschnitten, vier Zähne waren herausgeschlagen und das Zahnfleisch war schwer in Mitleidenschaft gezogen worden. Danach lief er zu dem Fürsten Stanislaus Lubomirski, der sich auch in dieser Gesellschaft befand, setzte ihm die Pistole auf die Brust, packte ihn beim Arm und bedrohte ihn mit dem Tode, wenn er ihn nicht sofort sicher zu seinem Pferd, das noch im Hof wartete, führen würde. Da es sich hier um einen zu allem entschlossenen Teufel handelte, dessen Drohungen ernstgenommen werden mußten, brachte der Fürst ihn zu seinem Pferd in Sicherheit und ließ zu, daß er sich aus dem Staube machte. Inzwischen hatten sich in Warschau Furcht und Schrecken verbreitet. Das Gerücht war aufgekommen, der Venezianer habe den Podstoli getötet, woraufhin die Ulanen und seine übrigen Anhänger ausschwärmten, um den Täter überall zu suchen; da sie ihn aber nicht kannten, schlugen sie mit dem Säbel auf alle ein, die ihnen über den Weg liefen und nicht nach polnischer Art gekleidet waren. Alle Händler hatten schnell ihre Geschäfte geschlossen, als fürchteten sie, ein siegreiches Türkenheer sei in die Stadt eingefallen und schicke sich nun an, sie zu plündern.

Glücklicherweise aber wurde es schon früh dunkel.

Dies alles erzählte der Fürst, der durch die Pistole auf seiner Brust veranlaßt worden war, dem Gewalttäter zu sicherem Abzug aus dem Hause des Grafen Tomatis zu verhelfen, dem Venezianer, dem eigentlichen Urheber aller dieser Vorfälle. In diesem Augenblick kam ein Mönch herein, um mitzuteilen, daß das Kloster vollständig von Wachtposten umstellt sei. Der Fürst erklärte, dies sei auf Befehl des königlichen Großmarschalls geschehen, der mit Grund fürchte, daß die Ulanen in das Kloster eindringen könnten, um sich der Person des Venezianers zu bemächtigen und ihn, weil er ihren Oberst getötet habe, abzuschlachten. Das für alle Verbrechen zuständige Gericht des Großmarschalls der Krone, das befugt ist, in letzter Instanz Todesurteile zu verhängen und Gnadengesuche, selbst wenn sie vonseiten des Königs kämen, abzulehnen, sprach gegen Bissinski, der nach Königsberg geflüchtet war, ein strenges Verbannungsurteil aus, bei Androhung der Todesstrafe und mit Aussetzung eines Kopfgeldes, dazu wurden die Einziehung seines Vermögens und die Ausstoßung aus dem Adelsstande angeordnet.

Um diese Zeit erschien ein Ordonnanzoffizier des Woiwoden Fürsten Czartoryski und übergab dem Venezianer einen Brief, dem ein anderer beigeschlossen war. Der Brief des Fürsten lautete wie folgt: »*Lisez, mon ami, ce que le roi m'écrit, et mettez votre esprit en repos.* – Lesen Sie, mein Freund, was der König mir schreibt, und seien Sie ruhig.« Der beigelegte Brief stammte vom König und lautete: »*J'ai donné ordre, mon cher oncle, à mes chirurgiens d'avoir grand soin de Branicki, mais j'ai su toute l'affaire, et je n'ai pas oublié ce pauvre C... Vous pouvez lui faire savoir que je lui fais grâce.* – Ich habe, mein lieber Onkel, meinen Ärzten Befehl gegeben, Branicki mit aller Sorgfalt zu behandeln, aber ich bin über die ganze Angelegenheit informiert, und ich habe daher auch nicht den armen C... vergessen. Sie können ihm mitteilen, daß ich ihn begnadige.« Der Venezianer küßte beide Briefe, und da er der Ruhe bedurfte, verabschiedete er seine Gäste und ging zu Bett.

Am folgenden Tage schickte der Podstoli einen Offizier, der ein Kompliment übermittelte und den Degen zurückbrachte; außerdem erkundigte er sich nach dem Gesundheitszustand des Venezianers und ließ ihn wissen, daß seine eigene Wunde nicht als tödlich angesehen werde, aber gleichwohl einer langen Behandlung bedürfe, da viel Integument zerrissen sei. Der Venezianer antwortete auf die gleiche Weise; die gegenseitigen Besuche wurden täglich wiederholt.

Die göttliche Vorsehung ist in allen diesen Geschehnissen erkennbar; wer sie nicht bedenken und sie nicht anerkennen will, ist undankbar. Der Podstoli starb in jenem Duell nicht, weil er etwas tat, was der Venezianer unterlassen hatte, und dieser wäre wahrscheinlich auf der Strecke geblieben, wenn er das getan hätte, was der Podstoli für richtig hielt. Sobald Branicki mit dem anderen den Zeitpunkt des Zweikampfs vereinbart und seines Zustandekommens sicher war, ging er in die Kirche, um zu beichten, zu kommunizieren und die Messe mit der größten Andacht zu hören; anschließend blieb er zwei Stunden allein und wollte keinerlei Nahrung zu sich nehmen. Im Verlauf der Ereignisse stellte sich dann heraus, daß er sein Leben diesem Umstand verdankte; hätte er etwas gegessen, so hätte die Kugel seine angeschwollenen Eingeweide durchbohrt, und er wäre gestorben. Wäre dagegen der Venezianer nüchtern geblieben, so hätte er sich ganz anders ausgedrückt und bei dem Podstoli nicht jenen Eindruck hervorgerufen, der ihn in einen Zustand der Erregung versetzte, wodurch wiederum seine allseits bekannte Fähigkeit, mit der Pistole die Schneide eines Messers beliebig oft zu treffen, wobei die Kugel in zwei Stücke zerschnitten wurde, beeinträchtigt war. Der Venezianer hatte den Umgang mit der Pistole niemals geübt; er verließ sich ganz darauf zu wissen, daß die Kugel, nachdem sie einmal den Lauf verlassen hatte, keinen anderen Weg als eine gerade Linie nehmen konnte; er wußte, als er sich zu dem Duell begab, daß er in die Mitte zielen müsse und daß, als Folge des guten Essens, seine Hand nicht zittern würde; so trug er den Sieg davon.

Ziemlich unbedachtes Zeug hat ein gewisser Vernünftler von sich gegeben, indem er behauptete, der Venezianer hätte eine mehr als heldenhafte Tat begangen und vielleicht auch auf glänzende Weise sein Glück gemacht, wenn er nicht auf den Podstoli, sondern in die Luft geschossen hätte.

Mir scheint, daß, als das in die Luft Schießen aufkam, dies aus der Situation heraus, und nicht etwa vorbedacht geschah; sollte es aber doch dem Vorsatz entsprungen sein, so behaupte ich, daß ein Mann, der sich zu einem Duell begab und dabei diese Absicht hegte, ein Irrer gewesen sein muß, den man in Ketten hätte legen sollen; denn das oberste Gebot, wenn man sich duellieren will, ist, den Gegner so rasch wie möglich in einen Zustand zu versetzen, der es ihm unmöglich macht, einen Angriff durchzuführen.

Die Kunst, des Gegners dadurch Herr zu werden, daß man ihn dazu bringt, seine Waffen leer zu schießen, ist bei einem Pistolenduell zu Pferde angebracht, denn hier kann man nur schießen, wenn man die Kruppe gewinnt; denn der Kopf des Pferdes verdeckt den Reiter, und das Pferd zu töten wäre eine feige Handlung. Anders verhält es sich bei einem Pistolenduell zu Fuß. Hier ist es wie bei einem Degenkampf: wenn man die Waffen ergriffen hat, denkt jeder an sich, aber die Höflichkeit verbietet zu schießen, bevor der Gegner im Begriff ist, die Pistole anzulegen, denn Anlegen und Schießen geschieht in einem Zug. Als der Venezianer, die Mündung seiner Pistole nach unten haltend, dem Anderen sagte, er möge zuerst schießen, geschah dies mit der Absicht, ihn zu verwirren; dadurch nämlich, daß er in jenem kritischen Augenblick, da kaum jemand die Kraft hat, an so etwas zu denken, ihm ein Zeichen des Respekts gab, dann aber das Aufsetzen des Hutes, das Anlegen und das Abdrücken in einem einzigen Bewegungsablauf vollzog: und ganz sicher hätte der Andere zuerst geschossen, wenn er nicht Zeit damit verloren hätte, sich in Positur zu stellen. Der Venezianer wäre ein Dummkopf gewesen, wenn er ihm diese Zeit geschenkt hätte. Wenn jedoch der Podstoli zuerst geschossen und sein Ziel verfehlt hätte, so kann ich – der ich den Venezianer kenne – dem Leser versichern, daß dieser sofort auf ihn zugelaufen wäre, in die Luft geschossen und ihn freundschaftlich umarmt hätte. Diese verschiedenartigen Eventualitäten machen ganz deutlich, daß ein Schuß in die Luft vernünftigerweise niemals Teil eines vorab geplanten Verhaltens sein kann.

Und wer kann überhaupt wissen, ob nicht der Podstoli, wenn er seinen Gegner in die Luft hätte schießen sehen, die Wiederholung des Duells verlangt hätte! Bei gewissen anmaßenden Leuten wirken sich die heroischen Taten zum Schaden dessen aus, der sie unternimmt. Daher handelt klug, wer derlei Zweikämpfe nach Möglichkeit zu vermeiden sucht, aber, wenn er sich auf einen eingelassen hat, an nichts anderes denkt als seinen Feind auszuschalten.

Es bleibt noch zu untersuchen, wer von den beiden Duellanten vor dem Kampf mehr von der christlichen Religion an den Tag gelegt hat. Der Podstoli ging zur Beichte; sollte er tatsächlich alles gesagt haben, dann verstehe ich nicht, wie man ihm die Absolution hat erteilen können; sollte er jedoch nicht alles bekannt haben, dann weiß ich nicht, wie er angesichts der erschlichenen Absolution ein ruhiges Gewissen haben konnte. Ich habe gehört, daß ein Soldat leicht einen Beichtiger findet, der ihm erlaubt, sich zu duellieren und ihm *modo provisionis* sogar vorsorglich die Absolution erteilt *in articulo mortis*. So etwas ist nicht ganz ausgeschlossen; aber das Duell, das zwischen diesen beiden stattfand, hat nichts mit jener Art Zweikämpfe zu tun, die die Religion einmal erlaubte, in einem Zeitalter, das noch geprägt war vom Geist der fahrenden Ritter: in den Köpfen mancher Helden herrscht dieser Geist freilich immer noch. Ich denke mir, Branicki hat seinem Beichtvater gesagt, seine Ehre gebiete es, daß er sich duelliere, und da für den Soldaten die Ehre wichtiger als das Leben zu sein hat, wird er einen recht verständnisvollen Beichtiger gefunden haben. So muß sich die Sache verhalten haben; aber ich bin doch sehr erschüttert über ein Gewissen, das davon überzeugt ist, die Absolution auf diese Weise zu Recht erhalten zu haben.

Ich erfuhr später von diesen Gedanken des Venezianers, der, als ein katholischer Christ, seine Seele mindestens genauso liebte wie der Podstoli; er hätte sich gewiß nicht duelliert, wenn er sicher gewesen wäre, dabei zu Tode zu kommen, denn er war überzeugt davon, daß in diesem Falle seine Seele aus dem Körper ins ewige Feuer gefahren wäre. In Gedanken schickte er ein kurzes Stoßgebet zu Gott: »Ich weiß, Herr, daß ich nicht in Deiner Gnade stehe, wenn ich mich duelliere, denn ich begebe mich in Gefahr, zum Mörder zu werden; habe also Erbarmen mit meiner Seele, gib, daß ich nicht getötet werde; denn ich weiß, daß, wenn ich das Leben verlöre, es mir nicht einmal erlaubt wäre, Rettung aus den ewigen Höllenstrafen zu erflehen. Gib also, Herr, mir die Zeit und die Kraft, jene Sünde zu bereuen, die aus Stolz ich im Begriff bin zu begehen.«

Auch dieses Gebet ist absurd und widersprüchlich

in sich. Erstens, weil es lächerlich ist, wenn ein Mensch den Allerhöchsten um seine Gnade bittet, wohlwissend, daß dieser seine Absicht kennt, sie zu mißbrauchen, zweitens, weil er nicht um Vergebung zu bitten braucht für eine Sünde, die nicht zu begehen in seiner Macht steht; woraus folgt, daß er in doppelter Hinsicht schuldig wird, wenn er sie begeht und dabei zugleich dreist auf Vergebung hofft. Trotzdem scheint mir die Religion des Venezianers weniger unvernünftig zu sein als die des Anderen.

Am folgenden Tage stellte sich im Kloster ein Jesuit ein; er sagte, er sei der Beichtiger Monsignore Czartoryskis, des Bischofs von Posen, und bat um ein Gespräch unter vier Augen. Nachdem daraufhin alle anderen Anwesenden den Raum verlassen hatten, sagte er dem Venezianer, er komme im Namen von Monsignore, um ihn von den Kirchenstrafen, die er sich durch das Duell zugezogen habe, loszusprechen. Der Venezianer dankte ihm und erwiderte, er habe nicht geglaubt exkommuniziert zu sein, weil er ja wisse, daß er sich gar nicht duelliert habe. Daraufhin hob zwischen ihm und dem Jesuiten ein langes und ernstes Streitgespräch über die Frage an, ob er sich duelliert habe oder nicht. Dieses Gespräch wäre so bald nicht beendet worden, hätte der Jesuit sich nicht einen Kompromiß ausgedacht, der dem angeblich Exkommunizierten nicht übel gefiel. Dies ist die Formel, mit der er sein Vergehen beichtete: »Sollte es sich bei meinem Konflikt mit dem Podstoli, der mir kein Duell gewesen zu sein scheint, doch um ein Duell gehandelt haben, so bereue ich und bitte die heilige Mutter Kirche um Lossprechung von meiner Sünde und die Wiederaufnahme in die Gemeinde der Gläubigen.« Nachdem der Venezianer diese Worte gesprochen hatte, erteilte der diskrete Pater ihm die Absolution und entfernte sich. Der Venezianer hatte gute Gründe, diesen Vorgang dem Woiwoden mitzuteilen. Es war ihm wichtig, daß es sich bei seiner Affaire nicht um ein Duell im strikten Sinne handelte, und tatsächlich fehlten auch einige Merkmale, die eigentlich dazugehört hätten.

Der Arzt indessen war nicht zufrieden mit den Fortschritten, die die Wunde machte. Sie war schwarz geworden und eiterte, was ihm nicht gefiel; außerdem war der Arm geschwollen, so daß, wie er meinte, der Wundbrand nicht mehr lange werde auf sich warten lassen. Am fünften Tage nach der Abnahme des Verbandes erklärte er schließlich klipp und klar, daß die Hand amputiert werden müsse; in diesem Augenblick kamen zwei Ärzte vom Hofe hinzu, die nach einer genauen Untersuchung ebenfalls erklärten, daß diese Operation unvermeidlich sei. *Vous consentirez donc, Monsieur* (sagte der Arzt, ein Franzose, dem Venezianer, der nach fünf Tagen vor Hunger ganz entkräftet war), *à vous laisser couper la main, nous ferons cela avec une adresse étonnante, et cela ne sera pas long; en deux minutes vous serez servi.* – *Monsieur* (antwortete der Kranke), *je n'y consens pas.* – *Et pourquoi, s'il vous plaît?* sagte der andere, und jener antwortete: – *Parce que je veux garder ma main; et personne ne peut y trouver rien à redire, puisque je suis son maître souverain.*

Chirurg: Mais Monsieur, la gangrène va s'y mettre.

Venezianer: Y est-elle?

Chirurg: Pas encore, mais elle est imminente.

Venezianer: Fort bien. Je veux la voir; j'en suis curieux. Nous parlerons de ceci après son apparition.

Chirurg: Ce sera trop tard.

Venezianer: Pourquoi?

Chirurg: Parce que ses progrès sont extrêmement rapides, et il sera pour lors nécessaire de vous couper le bras.

Venezianer: Très bien, vous me couperez le bras; mais en attendant remettez-moi mes bandeaux, et allez-vous en.

Chirurg: Sie geben also Ihre Zustimmung, Monsieur, daß wir Ihnen die Hand abnehmen; wir erledigen das mit einer Geschicklichkeit, die Sie in Erstaunen setzen wird; es dauert nicht lange, in zwei Minuten ist alles vorbei.

Venezianer: Monsieur, ich gebe meine Zustimmung nicht.

Chirurg: Und warum nicht, wenn ich bitten darf?

Venezianer: Weil ich meine Hand behalten will, wogegen, da ich ihr Herr und Meister bin, wohl nichts einzuwenden ist.

Chirurg: Aber, Monsieur, dann wird sich der Wundbrand einstellen.

Venezianer: Ist er schon da?

Chirurg: Noch nicht, aber das dauert nicht mehr lange.

Venezianer: Schön. Ich will ihn sehen; ich bin

wirklich gespannt darauf. Wir werden wieder darüber reden, wenn er da ist.

Chirurg: Dann wird es zu spät sein.

Venezianer: Warum?

Chirug: Weil er sich sehr schnell ausbreitet, so daß man Ihnen dann den ganzen Arm abnehmen muß.

Venezianer: In Ordnung, Sie werden mir den Arm abschneiden; einstweilen aber verbinden Sie mich wieder, und dann gehen Sie.

Zwei Stunden später erfuhr er von dem Fürsten Czartoryski, daß der König gesagt habe, er sei verrückt, sich nicht die Hand abnehmen zu lassen, da er sich nun den ganzen Arm abschneiden lassen müsse. Der Venezianer antwortete dem Fürsten (indem er ihn bat, dem König Dank zu sagen), daß er nicht wisse, was er mit seinem Arm ohne die Hand anfangen solle; man möge ihm also verzeihen, daß er sich nicht dazu entschließen könne, sie abschneiden zu lassen, bevor er den Brand gesehen habe; aber sobald dies der Fall gewesen sei, werde er sich der Amputation des Arms nicht länger widersetzen. Abends kamen die drei Chirurgen wieder, bereit, die Operation nunmehr zu vollziehen; sie wirkten zufrieden und siegesgewiß. Nachdem der Verband entfernt war, konnte man sehen, daß die Wunde gut und sauber aussah. Dieser Anblick brachte sie in Verlegenheit. Der Gescheiteste unter ihnen, ein Pole, versicherte, das komme daher, daß er sich an einen Heiligen gewandt habe. Drei Wochen später konnte der Venezianer mit dem Arm in der Schlinge das Kloster verlassen; er war stark abgemagert, aber gesund. Dies geschah am Ostertag.

Nachdem er seinen religiösen Pflichten nachgekommen war, begab er sich zu Hofe, um dem König die Hand zu küssen, aber er traf S. M. nicht an. Da man ihm sagte, daß der König sich im Hause Oginski aufhalte, fand er sich dort ein und, des Königs ansichtig geworden, küßte er die königliche Rechte, wobei er ein Knie zur Erde bog; der König hob ihn auf und fragte ihn zugleich, was der Rheumatismus mache, der ihn dazu zwinge, den Arm in der Schlinge zu tragen; und ohne ihm Zeit zur Antwort zu geben: »Ich rate Ihnen«, sagte er, »in Zukunft alle Situationen zu meiden, in denen man sich derlei Krankheiten zuziehen kann, denn sie sind tödlich.« Die Antwort des Venezianers war eine schweigende Verbeugung. Hierauf wollte er dem Podstoli einen Besuch abstatten und begab sich daher zu seiner Wohnung im Hause des Großkämmerers; als er im Vorzimmer bat, angemeldet zu werden, sah er, daß alle wie versteinert waren. Ein polnischer Offizier, der sich alles eher vorstellen konnte, als daß der Venezianer empfangen würde, wagte schließlich, das Zimmer des Podstoli zu betreten, aber nun zeigte sich, daß er sich getäuscht hatte. Als er wieder herauskam, befahl er einem Diener, die Läden zu öffnen und ließ den Venezianer eintreten. Der Podstoli, der zu Bette lag, sah erschöpft aus, aber er streckte ihm höflich die Rechte entgegen; der Venezianer kam näher, ergriff die Hand, küßte sie mit Nachdruck und sagte: »Es tut mir leid, daß ich heute der erste Besucher Ew. Exzellenz bin; ich bin gekommen, um Ihnen zu sagen, daß ich von Ihnen, wie ich wohl weiß, tausendmal mehr geehrt als beleidigt worden bin; vergeben Sie mir, daß ich am Kasimirstag es nicht vermocht habe, jene Empfindung, die die Ursache Ihres jetzigen Befindens ist, zu unterdrücken. Bitte beehren Sie mich zukünftig mit Ihrem Wohlwollen und Ihrem Schutz.« Der erste Satz war eine Lüge, alle anderen entsprachen der Wahrheit und den tatsächlichen Wünschen des Venezianers. Der Podstoli antwortete: »*Je suis charmé de vous voir, Monsieur; je vous demande pour le temps à venir votre amitié; je crois d'avoir assez bien payé de ma personne pour la mériter. Je vous prie de vous asseoir. Qu'on porte à Monsieur du chocolat!* – Ich freue mich, Sie zu sehen, mein Herr; für die Zukunft bitte ich Sie um Ihre Freundschaft; ich denke, ich habe mit meiner Person genügend bezahlt, um sie zu verdienen. Bitte nehmen Sie Platz. Bringt diesem Herrn eine Tasse Schokolade!«

Nur für wenige Augenblicke konnten sie sich unter vier Augen über verschiedene Gegenstände unterhalten. Es war noch keine Viertelstunde vergangen, als vor dem Hause mehr als zehn Wagen vorfuhren; die Besucher stellten sich ein, weil sie erfahren hatten, daß der Venezianer nach dem Verlassen des Palais Oginski seinem Kutscher befohlen hatte, ihn zum Podstoli zu fahren; sie wollten wissen, welche Folgen dieser Besuch, den sie für einigermaßen merkwürdig und für sehr gewagt hielten, haben würde. Sie alle kamen herein und konnten sich freuen, daß die beiden ganz offensichtlich sich wirklich versöhnt hatten. Der Venezianer schuldete diesen Besuch dem Podstoli in jederlei Hinsicht, aber er hätte dennoch nicht gewagt, ihn allein aufzusuchen, wenn dieser ihm nicht jeden Tag einen seiner Leute geschickt hätte, um sich nach seinem Befinden zu erkundigen. Der vierte Besuch des Venezianers galt dem ehrwürdigen alten Bielinski, Großmarschall der Krone. Er trat näher und küßte ihm die Hand.

Dieser bedeutende Mann fragte ihn, ob er schon bei Hofe gewesen sei. »Sie verdanken«, sagte er, »Seiner Majestät Ihr Leben, denn wenn der König mich nicht veranlaßt hätte, Sie zu begnadigen, so hätte ich Sie zum Tode verurteilt.« Der Venezianer war davon zwar nicht ganz überzeugt, aber er verbeugte sich und schwieg.

Nach diesem Ereignis verbrachte er noch zwei Monate in Warschau; aber obwohl ihm während dieser Zeit alle Ehren zuteil wurden, fand er doch keine Ruhe, denn er hatte viele scheinheilige Einladungen von verdächtigen Personen abgelehnt, weil sie zu Blutvergießen geführt hätten; auf diese Weise hatte er sich zahlreiche Feinde geschaffen, und er hatte nun allen Grund, nächtliche Überfälle zu fürchten. Dem König und etlichen Magnaten waren verschiedene anonyme Briefe zugegangen, die den armen Venezianer in das abscheulichste Licht rückten. Sie stellten ihn als einen nicht nur aus seinem Vaterland Verjagten hin, sondern aus fast allen Ländern Europas, hier wegen Zechprellereien, dort wegen Betrugs, wegen Raubes und anderer schändlicher Verbrechen; aus seiner Heimat, hieß es, sei er wegen ehrenrühriger Dinge vertrieben worden, obwohl man darüber gar nichts wissen konnte. Das waren zwar alles nur Verleumdungen, aber haben üble Nachreden nicht die gleiche Wirkung wie auf Tatsachen beruhende Anklagen? Die Rechtfertigung setzt sich schließlich durch, soviel ist richtig: aber wer weiß nicht, wie mühselig es ist, sich zu rechtfertigen? Niemandem ist unbekannt, daß es dem Opfer einer Verleumdung niemals gelingt, durch das Purgatorium der Rechtfertigung zu gehen, ohne daß von der falschen Anklage unauslöschliche Flecken zurückblieben. Wer zur Zielscheibe eifernder Mißgunst geworden ist, der tut also gut daran, sich unter einen anderen Himmelsstrich zu begeben. *Vir fugiens denuo pugnabit.*[4] Gewiß: es ist bitter, sich davonzumachen, das Feld den Schurken zu überlassen, und das Verbrechen siegen zu lassen, aber es bleibt demjenigen nichts anderes übrig, der nicht rechtzeitig voraussah, daß es gefährlich ist, Mißgunst zu erregen, und der schon häufig büßen mußte, wenn er sie erregt hatte. Trotzdem soll man von der Tugend nicht lassen, auch wenn man sie nicht hat durchsetzen können. *Invidiam placare paras virtute relicta? Contemnere miser. Vitanda est inproba Siren desidia.*[5]

Der Venezianer entschloß sich, Podolien, Wolynien, Pokutien und jene polnischen Gebiete Rußlands zu besuchen, die heute unter der Herrschaft eines weiseren Szepters als des früheren stehen. Während der drei Monate, die diese Rundreise dauerte, gab er nicht viel Geld für Herbergen aus, denn er wurde, wo auch immer er hinkam, auf das großzügigste von den Magnaten empfangen, die das neue Regime verabscheuten und sich daher von Hofe fernhielten; später allerdings wurden sie für ihre Unbelehrbarkeit von der russischen Kaiserin bestraft, nachdem sie es gewagt hatten, sich im Reichstag ihren Wünschen offen zu widersetzen. Hätte der Venezianer diese Landstriche nicht besucht, so hätte er das alte Polen nur sehr unvollkommen kennengelernt.

Sein Arm war wieder zu Kräften gekommen, als der Venezianer nach Warschau zurückkehrte. Er sah den Podstoli, der wieder gesund war und das Haus verlassen konnte, ihn aber nicht aufforderte, mit ihm zu Hofe zu gehen. Als er bei der Fürstin Lubomirska speiste, war der König, ihr Vetter, zugegen, aber der Venezianer hatte nicht die Ehre, von ihm angesprochen zu werden. Der Woiwode, dieser freigebige und großzügige Herr, bot ihm nicht mehr die Wohnung an, die er einst für ihn hatte möblieren lassen. *Denigratum est aurum*[6], sagte er, und er hatte damit genau das getroffen, was dem Venezianer bevorstand.

Derselbe Generaladjutant, der bei dem Duell zugegen gewesen war, kam, um ihm im Namen Seiner Majestät zu befehlen, die Starostei von Warschau innerhalb von acht Tagen zu verlassen. Der Venezianer schrieb dem Fürsten Adam Czartoryski einen Beschwerdebrief, in welchem er ihm darlegte, wie ungerecht der Befehl sei, den der König ihm habe übermitteln lassen, aber die ganze Antwort Fürst Adams bestand nur aus drei Worten: *Invitus invitum dimitto.*[7] Daraufhin schrieb er dem Grafen Mosczyński, der immer an der Seite des Königs war, demselben, dem Bissinski das Gesicht zerschnitten hatte; er schrieb, er könne nicht gehorchen, da er viele

Schulden habe und als Mann von Ehre vor seiner Abreise sie zu bezahlen Sorge tragen müsse. Daraufhin erschien dieser Herr bei dem Ausgewiesenen, um sich persönlich nach der Höhe seiner Schulden zu erkundigen; nachdem der Venezianer es ihm gesagt hatte, ließ er eine schriftliche Anweisung zurück und entfernte sich, nicht ohne ihm mitgeteilt zu haben, daß er aufgrund von drei anonymen Briefen in Ungnade gefallen sei.

Ich wüßte nicht zu entscheiden, wer von beiden die größere Strafe verdient: der Halunke, der gegen jemanden einen anonymen Brief schreibt, oder der Unbedachte, der einem solchen Brief Beachtung schenkt und damit bewirkt, daß der perfide Briefschreiber sein Ziel erreicht. Gift, Dolch, Überfälle aus dem Hinterhalt fügen, für sich genommen, niemandem Schaden zu, wenn sich nicht jemand findet, der mit ihnen erst schlimme Wirkungen hervorbringt. Wer einen anonymen Brief schreibt, ist dagegen immer ein übler Charakter, auch wenn sich die Wirkung seines Briefs als segensreich herausstellen sollte.

Der noble, großzügige Mosczyński begab sich anderntags persönlich zu dem Haus, in dem der Venezianer wohnte, schenkte ihm tausend Zechinen und wünschte ihm gute Reise. Mit einem Teil dieses Geldes bezahlte er alle seine Gläubiger und schickte die Quittungen an Mosczyński, bevor er nach Breslau, der Hauptstadt Schlesiens abreiste; dort hielt er sich eine Woche lang auf und genoß die Gastfreundschaft und die gebildete Unterhaltung des Abbate Bastiani, eines Venezianers, der sich im Domkapitel eines herausgehobenen Postens und einer wohldotierten Pfründe erfreute.

Von Breslau reiste er weiter nach Dresden, von dort zur Leipziger Messe, anschließend nach Prag und nach Wien. Hier hatte er ein sehr merkwürdiges Erlebnis, das, wollte man es in allen Einzelheiten aufschreiben, zu des Lesers Pein leicht ein Bändchen vom Umfange des vorliegenden ergeben könnte.

Der Botschafter der Serenissima, der aus politischen Gründen glaubte, den Venezianer nicht in seinem Hause empfangen zu dürfen, hatte den Mut, ihn mit zwei Worten, die er gegenüber dem Fürsten Kaunitz fallenließ, zu retten. Dieser Botschafter war immer ein großer Mann, und heute steht er an höchster Stelle. Der unnachsichtige Schrattenbach wurde für dieses Mal Lügen gestraft. Von Wien aus gelangte er nach Bayern, dann nach Augsburg, eine Stadt, für die er besondere Anhänglichkeit hegte; hier verweilte er, bis er erfuhr, daß die Fürstin Lubomirska, eine geborene Czartoryski, sich während des Monats August in Spa aufhalten werde. Der Venezianer machte sich also auf die Reise, hielt sich jedoch aufgrund verschiedener Abenteuer noch in der Pfalz und in Württemberg auf, und einen Tag in Köln auf der linken Seite des Rheins, wo er eine Sache, die ihm sehr am Herzen lag, zu Ende bringen mußte; sie betraf das Duell und darf hier nicht mit Stillschweigen übergangen werden.

Als sich der Venezianer in Dresden aufhielt, einen Monat nach seiner Abreise aus Polen, las er eines Tages in der Kölner Zeitung einen Artikel über Warschau, worin er die Geschichte seiner Verabschiedung von jenem Hofe wiederfand, aber in einem Stil und versehen mit gewissen Einzelheiten, die ihm gewaltig mißfielen. Alle Zeitungen zusammengenommen ergeben die Weltgeschichte, und ihre Leser, die die Dinge nicht bis ins Detail kennen (und das ist die Mehrzahl), halten sich an das, was ihnen berichtet wird. Wer in den Zeitungen günstig abschneidet, scheint ihnen ein Held zu sein, und umgekehrt haben sie eine sehr schlechte Meinung über diejenigen, die dort als unehrenhaft und betrügerisch dargestellt werden; solche Meinungen aber, welche die Leser als wahr unterstellen, bleiben für immer in ihr Gedächtnis eingegraben.

Es ist also nicht verwunderlich, daß der arme Venezianer empört war, denn er fand sich in jener Zeitung mit Zügen dargestellt, die nicht die seinen und von der Lüge so zugerichtet waren, daß er es ungerecht fand, auf diese Weise in den Tempel der Erinnerung eingehen zu müssen. Er hätte sich nicht beleidigt gefühlt, hätte er gelesen, daß ein General ihn auf Befehl des Königs vom Hofe – und nicht etwa aus ganz Polen! – weggeschickt habe; auch wurde berichtet, das sei ihm widerfahren, nachdem man den Monarchen von seinem wahren Namen und von den falschen, selbstverliehenen Würden unterrichtet habe; danach hätte er bei Hofe eine ganz andere Persönlichkeit vorgestellt als er tatsächlich war. Diese unverschämten Lügen nahm der Venezianer mit dem Vorsatz zur Kenntnis, zu gegebener Zeit den unvorsichtigen Zeitungsschreiber aufzuklären.

Mitte Juli also nach Köln gekommen, etwas weniger als ein Jahr nach seiner Abreise vom Warschauer Hof, ließ er sich das Haus seines journalistischen Panegyrikers zeigen; danach begab er sich in seine Unterkunft, ließ anspannen und verließ die Stadt auf der Straße, die nach Aachen führt; aber sie hatten kaum das Tor passiert, als er halten ließ, dem Kutscher zu warten befahl, und allein zu Fuß in die Stadt zurückkehrte, um Herrn Jacquier, seines Zeichens französischer Journalist und daselbst wohnhaft, einen Besuch abzustatten. In dessen Hause angelangt, zeigte ihm auf seine Frage hin eine Magd das Zimmer, in dem er allein an seiner Zeitung arbeitete. Der Venezianer trat ohne anzuklopfen ein, verriegelte die Tür, packte mit der Rechten einen großen Knüppel, zog mit der Linken eine Pistole aus der Tasche und näherte sich dem Journalisten, der aufgestanden war und zitternd dastand, ohne sich zu rühren.

»Wenn Sie Lärm machen, sind Sie ein toter Mann«, sagte ihm der Venezianer; »hören Sie mich an, und tun Sie sofort, was ich Ihnen befehle, denn ich habe Eile; und versuchen Sie ja nicht zu lügen, denn Sie würden es mir mit dem Leben bezahlen.« Nach diesen Worten präsentierte er dem Mann, der keinen Mucks von sich gab, seine eigene Zeitung, zeigte ihm den Warschauer Artikel und befahl ihm, ihn klar und deutlich vorzulesen. Kaum hatte er einen Blick darauf geworfen, so wollte er etwas sagen, aber der Venezianer hob den Stock: »Lies«, sagte er, »und rede erst, um mir die Wahrheit zu sagen, wenn du willst, daß ich dir das Leben schenke.« Er las also den ganzen Artikel, aber mit einer auf kuriose Weise bald erzitternden, bald ersterbenden und bald in Seufzern vergehenden Stimme, daß der gute Venezianer sich alsbald von einem Gefühl des Mitleids ergriffen sah, dazu von einem solchen Lachreiz, daß er seine ganze Kraft aufbieten mußte, um nicht herauszuplatzen. Nachdem der andere zu Ende gelesen hatte, sagte ihm der Venezianer: »Zeige mir, aus welcher Quelle du diese Geschichte hast; ich bin der Mann, den du mit deiner Zeitung in den Schmutz gezogen hast.« Daraufhin warf sich der Journalist auf die Knie, bezichtigte sich der Unvorsichtigkeit und sagte, er habe den Inhalt des Artikels einem Brief aus Warschau entnommen: »Wenn dieser Brief«, antwortete der andere, »sich zu deinem Pech nicht in diesem Zimmer findet, bringe ich dich um«, und er setzte ihm die Pistole auf die Brust. »Ja, mein Herr«, erwiderte der Journalist, indem er mit offenen Armen auf die Knie fiel, »er muß hier in diesem Zimmer sein, ich will versuchen, ihn zu finden.« – »Schnell, finde ihn!« Er erhob sich und fing an, während der Venezianer neben ihm stand, in einem Regal allerlei Konvolute zu durchblättern, aber mit einemmal erbleichte er, der Schweiß brach ihm aus, und er ließ sich in einen Sessel fallen. Der Venezianer sah sich plötzlich in einer verdrießlichen Situation und hätte sein Vorgehen beinahe bereut, aber er beherrschte sich und wartete schweigend darauf, daß der Elende sich wieder erholte. Das geschah schließlich auch, er fand den Brief, der Venezianer las ihn, steckte ihn in die Tasche, befahl dem Journalisten, unter seinem Diktat einen Artikel zu schreiben und ließ sich versprechen, daß dieser in der nächsten Ausgabe der Zeitung unverändert erscheinen würde (der Journalist hielt Wort). Dann ließ er ihn noch eine Kopie des Artikels anfertigen, die er an sich nahm. Schließlich befahl er ihm noch, mit ihm zu kommen; wegen des strömenden Regens wollte der Journalist einen Umhang mitnehmen, der, wie er sagte, sich im Nebenzimmer befinde; aber der Venezianer ließ es nicht zu. Er ließ sich von ihm bis zu seiner Postchaise geleiten, und nachdem er ihn ermahnt hatte, sich nicht einen zweiten Besuch zuzuziehen, schenkte er ihm zwei Louisdor. Damit war auch diese Sache abgeschlossen. Aber obwohl der Journalist sich an die Vereinbarung hielt, war der Venezianer nicht recht zufrieden, denn es gelang ihm nie, herauszufinden, wer der Unbekannte war, der unter einem Namen, den keiner kannte, diese Lügen geschrieben hatte. Der Journalist hätte es verdient, gründlich verprügelt zu werden, allein schon deshalb, weil er glaubte, durch das Vorzeigen dieses Briefes sei seine Unschuld erwiesen; aber der Venezianer ist zwar groß im Schmieden von Racheplänen, weit weniger entschieden jedoch, wenn es darum geht, sie in die Tat umzusetzen, denn er ist zum Glück anfällig für das Gefühl des Mitleids; dieses ist eigentlich eine heroische Regung, so daß es sehr schade ist, daß, wenn der Philosoph es zergliedert, seine Herkunft aus der menschlichen Schwäche offenbar wird. Heute ist dieser Mann so weit gelangt, daß es auf der ganzen Welt keine Mißhelligkeit gibt, die ihn länger als ein paar Augenblicke aufregen könnte. Er beschränkt sich darauf, Mitgefühl zu empfinden für den, der ihn verurteilt, zu beklagen, wer Vertrauen in die Menschheit setzt, den Stolzen zu verachten und zu hoffen, all denen von Nutzen zu sein, die ihm geschadet haben, denn das ist eine erhabene und heroische Form der Rache, wenn sie nicht zugleich, wovor man sich hüten sollte, von Hoffart begleitet ist. In seinem Vaterland gibt es nur wenige Menschen, die er schätzt, aber zu seiner Genugtuung kann er immer wieder feststellen, daß diese wenigen sich durch jenes wahre Verdienst auszeichnen, das nur der Weise zu erkennen vermag. Einzig an der Zustimmung dieser Menschen ist ihm gelegen; ansonsten fühlt er sich der Welt entwöhnt, die ihm keine Reize mehr zu bieten hat, und erwartet, ohne sie herbeizuwünschen oder zu fürchten, die natürliche Auflösung seines Körpers, einer Maschine, die störungsfrei und gesund zu halten er sich angelegen sein läßt. Nicht der geringste unter seinen Fehlern ist sein Hang, gewisse Wahrheiten über die Welt solchen Menschen zur Kenntnis zu bringen, die so sehr von sich eingenommen sind, daß man sie durch keinen Beweis beeindrucken kann, oder die es nicht ertragen, die Wahrheit zu erfahren von jemandem, den sie nicht als ranggleich anerkennen. Wenn der Venezianer einmal sehr weise geworden sein wird – falls er noch Zeit hat, es zu werden –, zufrieden mit dem, was er weiß, und immer bereit, von einem Erfahreneren zu lernen, dann wird er alle Leute das glauben lassen was sie wollen, und er wird nicht mehr mit aller Gewalt diejenigen mit der Wahrheit vertraut zu machen versuchen, die sich mit Händen und Füßen dagegen wehren, ihre verkehrten Vorstellungen abzulegen. Die Menschen sind ihrer Natur nach so beschaffen, daß sie von denen nichts lernen wollen, die ihnen ihr Wissen aufzudrängen versuchen: und sie haben damit ebenso Recht wie die anderen Unrecht haben.

Aber es ist Zeit, zum Ende zu kommen. Der Venezianer begab sich nach Spa, dann nach Paris, wo er sich drei Monate damit aufhielt, den König von Polen von der Lügenhaftigkeit eines anonymen Briefes zu überzeugen, dann nach Spanien, wo er Mißgeschicke der schlimmsten Art und sogar Anschläge auf sein Leben erdulden mußte, und zwar aus Gründen, die sich gar nicht ergeben hätten, wäre er nur etwas klüger gewesen: weil er sich aber nicht aufgab, überwand er alle Schwierigkeiten, verließ jenes Königreich, durchquerte den Languedoc, die Provence und Piemont und begann mit der Ausarbeitung der Widerlegung eines üblen Geschichtswerks, in einem Lande, das er nicht mehr verlassen hätte, wenn nicht ein Staatsminister ihn dazu gebracht hätte. Der Minister weckte in ihm den Ehrgeiz, dem russischen Expeditionskorps, das auf dem Wege über das Mittelmeer die Türken angreifen sollte, sich anzuschließen. In Livorno aber wollte es das Schicksal, daß der Graf Alexej Orlow die Bedingungen des Venezianers nicht akzeptieren wollte. Daher reiste er nach Neapel weiter, mit der Absicht, anschließend ein Jahr in Rom und vielleicht auch in Florenz zu verbringen. Aber nach Ablauf von sechs Monaten mußte er auf allerhöchsten Befehl die Stadt verlassen, aus Gründen, die sicherlich legitim waren, denn es war ein weiser Mann, dem diese Gründe bekannt waren; der Venezianer aber wurde niemals für würdig befunden sie zu kennen, er konnte sie sich nicht einmal vorstellen. Nachdem er auch die Toscana verlassen hatte, ging er nach Bologna, wo er neun Monate blieb, dann nach Ancona, um von dort aus das Meer zu überqueren. Er verbrachte zwei Jahre in Triest, bis er gegen Ende des Jahres 1774 schließlich durch einen allerhöchsten Gnadenakt in seine Vaterstadt zurückkehren konnte. Gelänge es ihm hier, einiger Gunst für würdig erachtet zu werden, so fiele es ihm nicht schwer, sein Auskommen zu finden.

Dieses Stück aus der Geschichte des Venezianers möge bewirken, jene zu ernüchtern, die wünschen, er solle sie vollständig aufschreiben. Sie sollten wissen, daß, entschlösse er sich, ihnen gefällig zu sein, er es niemals in anderer Weise als in der tun könnte, von der diese Erzählung ein Probestück liefert. Aufrisse, Reflexionen, Abschweifungen, die genauen Umstände, kritische Beobachtungen, Dialoge, Selbstgespräche: alles das müßten seine Leser erdulden, wie es aus einer Feder fließt, die keine Beschränkungen kennt und auch nicht kennen will, denn sie weiß, sie entläßt aus sich keine frevelnde oder lügenhafte Tinte, die geeignet wäre, die Einrichtungen der Gesellschaft zu beflecken, die bescheidene Unterordnung, die den treuen Untertanen ziert, einem Verdacht auszusetzen oder in Zweifel zu ziehen, was zu denken für einen Christenmenschen sich geziemt.

Hartmut Scheible

»Qu'on porte à Monsieur du chocolat!«

Versuch über Giacomo Casanova

I

Giacomo Casanova, geboren am 2. April 1725 in Venedig als Sohn eines Schauspielerehepaars, hat, zurückblickend, sein Leben einmal mit einem dreiaktigen Drama verglichen. Das Ende des ersten Aktes sieht er im Frühjahr 1764 gekommen, als er, achtunddreißigjährig, England überstürzt verlassen muß, weil sich ein von ihm präsentierter Wechsel als gefälscht erwiesen hat: zu keinem anderen Zeitpunkt seines Lebens entgeht er so knapp dem Galgen, der, wie er wohl weiß, die sozusagen geschäftsmäßige Quittung gewesen wäre, die, ohne jede moralische Erregung, im bürgerlich-nüchternen England fällig gewesen wäre. »Ich wäre nicht entehrt gewesen, man hätte mich einfach nur aufgehängt.«[1] Den Winter über hatte in England eine Dirne, die Charpillon, es verstanden, den sieggewohnten Liebhaber auf sich zu fixieren, indem sie ihm immer aufs neue Hoffnungen machte, um ihn im letzten Augenblick wieder abzuweisen. Gesundheitlich schwer angeschlagen, ohne Ziel – zum erstenmal heißt es, er habe nicht gewußt, wohin er sich wenden solle –, abgemagert, mit gelblichem Teint und mit geschwollenen Drüsen, schleppt er sich bis nach Wesel, wo sich ein Arzt bereiterklärt, ihn in sein Haus aufzunehmen, um ihn von seiner Krankheit, einem verschleppten Tripper, zu kurieren. Als er dort einzieht, hält er sich ein Taschentuch vors Gesicht, weil er sich schämt, sich der Familie des Arztes zu zeigen; die anwesenden jungen Mädchen wagt er nicht anzusehen.[2]

Von diesen Ereignissen bleibt ein Schatten über seinem Leben. Als er, eben genesen, in Braunschweig bei einem Juden einen auf die Bank von Amsterdam ausgestellten Wechsel einlösen will, ist er außer sich, als er anderntags das Papier zurückerhält mit der Bemerkung, er habe eine Kaution zu stellen, denn er sei »bekannt«.[3] Da er ein reines Gewissen hat – der Wechsel stammt von einer ihm wohlgesonnenen Dame, Mme du Rumain –, verprügelt er den Geldhändler und trägt die ihm widerfahrene Unbill dem Erbprinzen vor, der die Angelegenheit auf elegante Weise dadurch aus der Welt schafft, daß er den Wechsel, an dessen Echtheit, wie er betont, er selbstverständlich nicht zweifle, dem Juden abkauft. Casanova aber ist noch immer unbehaglich zumute. Gerade die Fürsten, so denkt er bei sich, die guten Willens sind und jemandem ein Zeichen ihrer Wertschätzung geben wollen, lassen es zuweilen an Takt zur Schonung des Zartgefühls (*délicatesse*) des Betroffenen fehlen. Dann nehmen diese Überlegungen mit unerbittlicher Logik ihren Verlauf. »Er hätte«, denkt Casanova weiter, »mich nicht anders behandeln können, wenn er mich für einen Spitzbuben hielte und mir zugleich zu erkennen geben wollte, daß er mir verziehen habe.« Eine schmerzliche Einsicht ist damit nicht mehr zu vermeiden: »Und vielleicht hält er mich ja auch dafür«[4], muß Casanova sich zu seiner Bestürzung eingestehen. Das ist eine neue Erfahrung. Gewiß, man hatte ihn auch vorher schon gefangengesetzt, ausgewiesen, unfreundlich behandelt, und auch schon vor dem geplatzten Wechsel in

London hatte er einige recht zweifelhafte Transaktionen begangen, wie zum Beispiel die wundersame Vermehrung von Quecksilber und den alchimistischen Hokuspokus, durch den er die halbverrückte, aber schwerreiche Mme d'Urfé um enorme Beträge erleichtert hatte. Aber er wäre doch nie auf den Gedanken gekommen, sich selbst für einen Betrüger zu halten oder gar zu vermuten, daß andere ihn so einschätzen könnten; solche Leute, sagt er sich, wollen betrogen werden; tue er das nicht, dann habe eben ein anderer den Profit davon. Am Ende des ersten Aktes ist es mit dieser Selbstgewißheit vorbei; Casanova muß immer häufiger zur Kenntnis nehmen, daß man in ihm ein zweifelhaftes Subjekt sieht, mit dem man entsprechend umspringen kann. – Mit seinem Verhältnis zu den Frauen ist es ähnlich bestellt; die Charpillon hat ihm die Gewißheit genommen, unwiderstehlich zu sein. Zwar ist auch nach dem unglückseligen Aufenthalt in England kein Mangel an Eroberungen; aber der große Verführer – wenn er nicht eine geschäftsmäßige Kälte an den Tag legt: *je suis un libertin de profession*[5], erklärt er der adligen Witwe aus Hannover, die ihn, noch in England, um seine Hilfe bittet; wenn er etwas für sie tun solle, dann nur gegen Barzahlung, die Währung: ihre fünf Töchter – wirkt nun häufig auf eine merkwürdige Weise befangen, als könne er bis zum letzten Augenblick selbst nicht daran glauben, daß seinen Bemühungen Erfolg beschieden sein könnte.

Der erste Akt, die Zeit der Jugend, endet im März 1764. Es folgen ein weiteres Jahrzehnt der Reisen durch Europa, von Spanien bis Rußland, die sehnsüchtig erwartete und endlich erlaubte Rückkehr nach Venedig im Jahre 1774, der Aufenthalt in der Vaterstadt, der neun Jahre später zu Ende geht; damit läßt Casanova den zweiten Akt schließen. Das Ende des dritten Aktes, so schreibt er in Dux, einem böhmischen Dorf, wo er als Bibliothekar des Grafen Waldstein die letzten Jahre verbringt, »wird offenbar hier stattfinden, wo ich mir damit die Zeit vertreibe, meine Memoiren zu schreiben. Die Komödie wird dann zu Ende sein, und sie wird drei Akte umfaßt haben.«[6]

II

Die Memoiren, an denen Casanova in den Jahren 1790 bis kurz vor seinem Tode arbeitet (er stirbt am 4. Juni 1798 in Dux), brechen in der Mitte des zweiten Aktes ab, unmittelbar vor der Rückkehr nach Venedig. Ob er die Absicht hatte, die Geschichte seines Lebens noch über das Jahr 1774 hinaus fortzusetzen, ist mit völliger Sicherheit nicht zu entscheiden. Bis zuletzt gibt es die für die Erzählweise der Erinnerungen charakteristischen Verweise auf zukünftige Entwicklungen, mit dem üblichen Zusatz, zu gegebener Zeit werde davon zu reden sein (*J'en parlerai alors*[7]). Andererseits aber sind die Erinnerungen, wie der Autor in der Vorrede von 1797 mit einer artigen Reverenz an seine Leser versichert, in der Absicht geschrieben, der »guten Gesellschaft«, die er immer gesucht habe, einen »würdigen Anlaß zum Lachen« *(un noble sujet de rire)* zu liefern; vor allem aber hat er sich auf die Suche nach der verlorenen Zeit begeben, um durch die Erinnerung die vergangenen Freuden zu erneuern.[8] So bleibt es denn bei dem Vorsatz, den Casanova schon in einem Brief aus dem Jahre 1793 mitgeteilt hatte: »Was meine Memoiren betrifft, so glaube ich, daß ich sie sein lassen werde, denn von meinem fünfzigsten Jahre ab kann ich nur Trauriges darbieten, und das macht mich traurig. Ich habe sie nur geschrieben, um mich mit meinen Lesern zu unterhalten; gegenwärtig würde ich sie betrüben und das ist nicht der Mühe wert.«[9] Obwohl Casanova seit langem nichts sehnlicher gewünscht hatte als das Ende des Exils – zuletzt hatte er zwei Jahre in Triest, also gleichsam vor der Haustür der Republik, verbracht –, bedeutet die endlich erfolgte Rückkehr nicht das Ende des seit einem Jahrzehnt schmerzlich empfundenen allmählichen Niedergangs; viel eher markiert sie den Beginn jenes Lebensabschnitts, an den zu erinnern sich nicht mehr lohnt. Er habe, heißt es in den Memoiren, kurz bevor das Manuskript abbricht, in jenen Jahren nichts anderes im Sinn gehabt als seine Begnadigung, »denn ich war von der Krankheit befallen, die die Deutschen *Heinveh, retour* nennen. Die Griechen nennen sie *Nostalgia*. Ihre Gewalt ist so groß, daß die Schweizer (...) in kurzer Zeit daran sterben. Ich wäre vielleicht nicht gestorben, wenn ich sie geringgeschätzt hätte, und ich würde nicht neun Jahre im undankbaren Schoß jener Rabenmutter verloren haben.«[10] Nicht die physische

Präsenz in der Heimat hat die verlorene Zeit zurückgebracht, sondern erst das erneute Exil mit der Niederschrift der Geschichte seines Lebens, also die Erinnerung, der Geist.

Wenn Casanova immer wieder beteuert, er habe den Sinn seines Lebens darin gesehen, seinen Sinnen stets die größtmöglichen Genüsse zu verschaffen, so ist zwar der Einfluß des Sensualismus der Frühaufklärung (Hume, Locke) unverkennbar, aber es wäre ganz verkehrt, ihm zu unterstellen, er habe den Menschen auf seine animalischen Funktionen zu reduzieren versucht. »Die Menschen unterscheiden sich nur durch gewisse äußere Merkmale von den Tieren; hätte es der Natur gefallen, unsere Knöchel in Pferdehufen endigen zu lassen, so würde unsere ganze Oberhoheit über die Tiere sofort verschwinden.«[11] Diese Lehre des Claude-Adrien Helvétius, dessen Abhandlung über den Geist (»De l'Esprit«, 1758) das Ziel verfolgt, darzulegen, daß es den Geist nicht gibt, ist Casanova fremd, obwohl auch er einen radikalen Materialismus vertritt, der, aller gegenteiliger Beteuerungen ungeachtet, vor den Lehren des Christentums nicht zurückweicht. »Ich weiß, daß ich existiert habe«, schreibt Casanova in der Vorrede, den Akt der Selbstvergewisserung des Descartes gleichsam über den Zeitpunkt des eigenen Todes hinausprojizierend, »und da ich dessen gewiß sein kann, weil ich Empfindungen gehabt habe *(parce que j'ai senti)*, so weiß ich auch, daß ich nicht mehr existieren werde, wenn ich aufgehört haben werde zu empfinden«.[12] Nicht genug damit, daß nach diesen Sätzen sich die Frage nach der Unsterblichkeit der Seele von selbst erledigt, so gefällt der Autor sich auch noch darin, durch die besondere Betonung seines derben Geschmacks den Leser zu provozieren: »Ich habe immer die Speisen geliebt, die einen starken Geschmack haben: Makkaroni, zubereitet durch einen guten neapolitanischen Koch, *Ogliapotrida*, Kabeljau aus Neufundland, schön klebrig, geräuchertes Wildpret mit Hautgout, Käse, der erst dann am besten schmeckt, wenn die kleinen Tierchen, die ihn bewohnen, sich zu zeigen beginnen. Was die Frauen betrifft, so habe ich immer gefunden, daß diejenige, die ich liebte, gut roch, und je mehr sie schwitzte, desto angenehmer war sie mir.«[13] Über den Leser, der ihm aufgrund solcher Vorlieben etwa einen heruntergekommenen Geschmack *(goût dépravé)* vorwerfen wollte, macht er sich unverhohlen lustig: »Solche Kritik bringt mich zum Lachen. Ich habe die Stirn, zu behaupten, daß ich gerade durch meine derben Vorlieben glücklicher bin als andere, und zwar deshalb, weil sie mich empfänglicher für den Genuß machen.«[14] Nicht auf die Frage kommt es an, ob Casanova in seinem Leben nicht doch eher den exquisiten Soupers den Vorzug vor verwurmtem Käse gegeben habe, sondern auf die Feststellung, daß die besonders ausgeprägte Fähigkeit des Genießens, auf die er sich beruft, bei ihm gerade nicht einen bloß animalischen Vollzug bedeutet, sondern die Vermittlung durch den Geist voraussetzt. Genuß ohne Geist gibt es für ihn nicht, allenfalls die befriedigte Gier. Aus diesem Grunde ist Casanovas Materialismus nicht geistfeindlich, vielmehr wird er durch Geist beseelt gerade dort, wo er sich vorbehaltlos und ohne Einschränkungen äußert. »Mein Geist und meine Materie sind nur eine einzige Substanz«[15], schreibt er im Alter einmal, und man sollte sich daher hüten, ihn zu sehr dafür zu bedauern, daß er den dritten und letzten Akt seines Lebens wieder im Exil verbringen muß. Die verlorene Zeit, die vergangenen Genüsse und Vergnügungen werden wieder gegenwärtig, als er sie in Dux durch die Erinnerung beschwört. Das letzte Kapitel seines Lebens ist daher nicht zugleich das dunkelste.

III

Trübe steht es um Casanova eher im zweiten Teil des zweiten Aktes, also nach der Rückkehr aus dem ersten Exil. Ausschlaggebend für die endlich erteilte Erlaubnis, nach Venedig zurückzukehren, waren wohl einige diplomatische Missionen, die Casanova, der schon immer ein geschickter Unterhändler war, von Triest aus für die Republik unauffällig erledigen konnte. Trotzdem bleibt ihm verwehrt, seine Fähigkeiten in den Dienst des Staates zu stellen; öffentliche Ämter sind in Venedig nach wie vor dem Patriziat vorbehalten. Casanova versucht daher zunächst, den seit längerem gehegten Plan, die Ilias in italienischen Versen herauszubringen, in die Tat umzusetzen; 1775 erscheint der erste Band, 1776 der zweite; Band drei kommt verspätet heraus, 1778, danach muß das

Unternehmen wegen Geldmangels aufgegeben werden, es hatten sich nur 339 Subskribenten gefunden. 1779 erscheint eine Streitschrift gegen Voltaire (»Scrutinio del libro Eloges de M. de Voltaire«), in der Casanova seinen alten Groll gegen den erfolgreichen Rivalen – die Antipathie war wechselseitig – loszuwerden und sich zugleich bei der Obrigkeit zu empfehlen versucht, indem er dessen religionsfeindliche Haltung kritisiert. Die Verfehltheit dieser Schrift hat Casanova später selbst eingesehen und ihre Veröffentlichung bedauert, ohne indessen den Inhalt seiner Kritik zurückzunehmen. Seit Januar 1780 gibt er eine literarische Zeitschrift heraus, »Opuscoli miscellanei«, in der ausschließlich eigene Beiträge erscheinen, darunter der erste autobiographische Versuch, ein Bericht über das Duell, das im März 1766 bei Warschau stattgefunden hatte; im Juli desselben Jahres muß die Zeitschrift, der es an Abonnenten mangelt, eingestellt werden. Nicht erfolgreicher schließlich ist der Versuch, sich als Impresario zu betätigen; nachdem er im Herbst 1780 eine französische Schauspielertruppe engagiert hatte, ist schon im Januar 1781 seine Karriere als Theaterdirektor beendet. Die Theaterzeitschrift »Messager de Thalie«, die Casanova ab Oktober 1781 herausgibt, muß nach zehn Nummern ihr Erscheinen einstellen.

Die nicht abreißende Serie von Fehlschlägen sowie der ständige Geldmangel veranlassen den Heimkehrer, ab 1776 als Spion *(confidente)* für die Staatsinquisition tätig zu werden. Mit dieser Schrumpfform einer Karriere als Geheimdiplomat, die ihm einst vorgeschwebt haben mag, ist Casanova zweifellos auf dem Tiefpunkt seines Lebens angelangt. Die Demütigung ist umso stärker, als er selbst, zwei Jahrzehnte zuvor, durch einen *confidente*, einen gewissen Manuzzi, zur Strecke gebracht worden war. Seit Herbst 1754 auf Casanova angesetzt, war Manuzzi schon im März des folgenden Jahres in der Lage, seinen Auftraggebern einen ausführlichen und, wie man wohl zugeben muß, im ganzen zutreffenden Bericht zu liefern: »Angewiesen von der verehrten Obrigkeit, zu berichten, wer Giacomo Casanova sei, habe ich zunächst zu bemerken, daß er der Sohn eines Komödianten und einer Komödiantin ist; man sagt, daß er ein zu allerlei Ränken aufgelegter Charakter sei, der es verstehe, von der Leichtgläubigkeit anderer Leute zu profitieren, wie bei dem N.H. Herrn Zuanne Bragadin geschehen« – tatsächlich war dieser reiche Patrizier und ehemalige Senator zu Casanovas väterlichem und spendablem Freund geworden, nachdem dieser ihm nach einem Schlaganfall das Leben gerettet hatte –, »um auf Kosten von diesem oder jenem zu leben, was immer seine Absicht sei, da er keinen Beruf ausübe; daß er sowohl in Venedig als auch in anderen Städten, in die er gekommen sei, Umgang habe mit Personen von unsittlichem Lebenswandel, denen er bei der Ausübung ihrer lasterhaften Leidenschaften behilflich sei, daß es sich hierbei sowohl um Nobili als auch um Bürger, aber sogar auch um Fremde handle; daß er ein Spieler sei, der zur Zeit auf allervertrautestem Fuße stehe mit dem N.H. Herrn Marc' Antonio Zorzi, mit Herrn Bernardo Memo, und daß er es häufig auch mit dem N. H. Herrn Marco Donado treibe. Silvestro Boncusen, Gastwirt, ein Bekannter des Casanova, hat mir erzählt, daß besagter Casanova, nachdem er das Priestergewand abgelegt hatte, Violinspieler im Theater der Exzellenz Grimani war, daß er bei dem Advokaten Marco Lezze angestellt gewesen sei, daß er dann als angeblicher Literat mehrere Reisen unternommen habe, daß er mit seinen Tricks es verstanden habe, sich bei verschiedenen Patriziern einzuschmeicheln; aber, so sagte der Gastwirt weiter, er wisse nicht, zu welcher Religion dieser Casanova sich eigentlich bekenne.«[16] Offensichtlich war Casanova den Behörden, vor allem wohl durch seinen Umgang mit hochgestellten Persönlichkeiten, verdächtig geworden, wie etwa mit dem französischen Botschafter, dem späteren Außenminister und Kardinal de Bernis, dem er, zusammen mit zwei schönen Nonnen, bei der Befriedigung seiner voyeuristischen Neigungen gefällig war. Zwar war eine solche Bekanntschaft für den aus einfachen Verhältnissen stammenden Casanova nicht verboten – nur den Patriziern war es aufs strengste untersagt, mit ausländischen Diplomaten zu sprechen –, aber in einem seit langem stagnierenden und von der Furcht vor Spionen geradezu besessenen Staatswesen wie Venedig mußte Casanova dennoch verdächtig werden, auch wenn ihm einstweilen nichts Konkretes nachzuweisen war. Um seiner habhaft zu werden, mußten die Nachforschungen sich daher auf seine Stellung zur Religion konzentrieren. Zwar war das Christentum in Venedig seit langem nicht viel mehr als ein Vorwand zu vielfältiger Prachtentfaltung, dazu Anlaß zu einem Karneval, der sich fast über das ganze Jahr erstreckte, aber zur Maßregelung mißliebiger Untertanen durch die Staatsinquisition war sie allemal willkommen. In den Memoiren berichtet Casanova, Manuzzi habe ihm einen Strick gedreht aus den verbotenen Büchern, zum Teil alchimistischen Inhalts, die er bei ihm unter einem Vorwand ausgeliehen habe. Tatsächlich jedoch scheinen sich die Nachforschungen auf ein angeblich gotteslästerliches Gedicht Casanovas konzentriert zu haben. In seinem Bericht vom 12. Juli 1755 berichtet der Spion, der offenbar völlig arglose Casanova habe versprochen, ihm das Gedicht zum Abschreiben zu überlassen, vorausgesetzt, er behalte den Namen des Autors für sich. Als der Spion sich bei ihm einfindet, will Casanova ihm noch etwas anderes vorlesen, was aber – wie Manuzzi getreulich und überaus anschaulich schildert – daran scheitert, daß er das Manuskript in dem Wust von Papieren, der auf seinem Schreibtisch herumliegt, nicht finden kann. Zu diesem Zeitpunkt hat sich bereits die Schlinge um seinen Hals gelegt; sie zieht sich zu, als der Spion schon fünf Tage später einen weiteren, sehr umfangreichen Bericht vorlegt, abermals unter Erwähnung des anstößigen Gedichts; auf diesem Bericht findet sich von der Hand des Sekretärs die Anweisung, Manuzzi solle sich das Manuskript verschaffen und es vorlegen. Zwar kann der Spion diesen Auftrag nicht mehr ausführen, da Casanova, etwas vorsichtiger geworden, nunmehr die Abschrift verweigert, aber inzwischen ist sein Schicksal bereits besiegelt: zwei Tage später, am 26. Juli 1754, wird Casanova verhaftet und in das Staatsgefängnis unter den Bleidächern des Dogenpalastes, die *Piombi*, eingeliefert. Während der fünfzehn Monate, die er hier unter unmenschlichen Bedingungen gefangengehalten wird, werden ihm weder die Anklage noch das Urteil mitgeteilt; einen Rechtsbeistand oder überhaupt die Möglichkeit, sich zu verteidigen, erhält er nicht. Mit unerhörtem Einfallsreichtum, mit List, Zähigkeit und unter großen physischen Strapazen bereitet er seine Flucht vor. Unsicher über das günstigste Datum des Ausbruchs, nimmt er Zuflucht zur *Kabala*, einer Art Zahlenorakel, das er virtuos beherrscht und mit dessen Hilfe er den allem Mystizismus gegenüber aufgeschlossenen Zeitgenossen jede nur denkbare Mitteilung aus dem Jenseits zuzukommen lassen pflegt. Es ergeben sich die Ziffern 9, 7, 1; er schlägt den »Orlando furioso« seines Lieblingsdichters Ariosto auf und findet im neunten Gesang, in der siebenten Stanze, Vers eins, die erwünschte Auskunft:

Tra il fin d'Ottobre, e il capo di Novembre.

In der Nacht vom 31. Oktober zum 1. November 1756 wagt er den Ausbruch. Die halsbrecherische Flucht gelingt, Casanova wird zur europäischen Berühmtheit, die immer erneut vorgetragene Erzählung dieses Abenteuers wird zum Eintrittsbillett, das ihm überall den Zugang zu den vornehmsten Salons eröffnet. Selbst die Staatsinquisitoren, die ihm nach den langen Jahren des Exils die Rückkehr nach Venedig erlauben, laden ihn – ein einziges Mal, das versteht sich – zu einem Essen ein, um aus seinem eigenen Munde die Geschichte der Flucht aus ihrem Gefängnis zu hören, bevor sie ihn mit Nichtachtung übergehen und ihn seinem Schicksal überlassen.

Kein Zweifel, daß mit dieser Flucht, die die Anspannung aller geistigen und körperlichen Kräfte, ein äußerstes Aufgebot von Phantasie, Nervenkraft und Geduld verlangt hatte, Casanova auf dem Höhepunkt seines Lebens angekommen ist. Sie ist der Orientierungspunkt, an dem er sich in Zukunft messen wird, was seine Möglichkeiten, aber auch was das allmähliche Nachlassen der Kräfte, das er an sich selbst beobachtet, betrifft. In einem Satzgefüge, in dem die Anstrengungen der kaum überstandenen Gefahren mit der Erschütterung über die wiedererlangte Freiheit, die zugleich den Abschied von der Heimat bedeutet, zu einer spannungsvollen Einheit konstruiert sind, hat Casanova diesen Höhepunkt seines Lebens eindrucksvoll gestaltet: »Ich blickte nun hinter mich den ganzen schönen Kanal entlang; als ich kein einziges Boot entdeckte, den prachtvollsten Tag sah, den man sich nur wünschen konnte, die ersten Strahlen eines herrlichen Sonnenaufganges, die beiden jungen Gondolieri, die kraftvoll dahinruderten, und dabei an die grauenvolle Nacht dachte, die ich hinter mir hatte, an den Ort, an dem ich noch tags zuvor gewesen war, und an das Zusammentreffen so vieler glücklicher Umstände, da überwältigte das Gefühl meine Seele, die sich zu dem barmherzigen Gott erhob; es löste die Ströme meiner Dankbarkeit und erschütterte mich so sehr, daß plötzlich meine Tränen sich breiteste Bahn brachen, um meinem Herzen, das durch das Übermaß der Freude bedrängt wurde, Erleichterung zu verschaffen; ich schluchzte, ich weinte wie ein Kind, das man mit Gewalt zur Schule bringt.«[17] Der Vergleich mit dem weinenden Kind, das zum erstenmal aus der Geborgenheit der Familie gerissen wird, mag Casanova ohne besondere Absicht aus der Feder geflossen sein, tatsächlich aber gibt er diesem Augenblick erst seine eigentliche Tiefendimension: denn eine Rückkehr aus dem Exil wird es für ihn nicht geben, so wenig es dem Kind möglich ist, seine erste Unbefangenheit wiederzuerlangen, nachdem es einmal mit der Außenwelt in Kontakt getreten ist.

IV

Zwar bezeichnet Casanova den Moment, da ihn das Begnadigungsschreiben erreicht – tatsächlich sichert man ihm lediglich freies Geleit zu *(libero salvocondotto)*, das heißt, die Staatsinquisitoren verzichten großmütig darauf, ihn bei der Rückkehr nach Venedig festnehmen zu lassen –, als den »glücklichsten Augenblick« seines Lebens, und der Bericht des venezianischen Botschafters läßt erkennen, daß die Erschütterung, die die endlich bevorstehende Rückkehr auslöst, so groß ist wie in der Stunde des Abschieds, achtzehn Jahre zuvor: »Nachdem man ihm das huldvolle Schreiben übergeben hatte, las er es wieder und wieder, küßte es zu wiederholten Malen, und nach einem Augenblick der Versunkenheit und des Schweigens brach er in Tränen der Freude und Dankbarkeit über einen so einzigartigen Gnadenerweis aus.«[18] Aber schon bald muß Casanova erkennen, daß er in seiner Vaterstadt zwar geduldet, aber keineswegs willkommen ist und schon gar nicht von den Behörden als in irgendeiner Weise nützlich angesehen wird. Casanova, der von Jugend an Zugang zu den erlauchtesten Kreisen gehabt hatte, der von den Großen der Welt empfangen und ins Gespräch gezogen worden war, der mehrfach vertrauliche Missionen zur Zufriedenheit seiner Auftraggeber ausgeführt hatte, muß zur Kenntnis nehmen, daß die Regierung der Republik nicht im entferntesten daran denkt, ihn in ihre Dienste zu nehmen. Das muß ihm schon wenige Wochen nach seiner Rückkehr klargeworden sein. Da er auf der Suche nach einer Beschäftigung sei, die es ihm erlaube, »den Rest seiner Tage friedlich in seiner über alles geliebten Geburtsstadt zu verbringen«, fragt er im Dezember 1774 an, ob man ihm erlauben wolle, als eine Art privater Geschäftsträger für den Landgrafen von Hessen-Kassel in Venedig tätig zu werden. »Ich glaube einen solchen Schritt nicht tun zu dürfen«, lautet der letzte Satz dieses Schreibens, »ohne zuvor die Zustimmung Eurer Exzellenzen eingeholt zu haben, denn der ehrenvollste Titel, nach dem ich strebe, ist es, mich gänzlich in die Abhängigkeit von den verehrungswürdigen Einrichtungen meines allererlauchtesten natürlichen Fürsten zu begeben.«[19] Wahrscheinlich hat Casanova diese Anfrage zugleich als eine Art Warnung an die Adresse seiner Oberen gedacht, derart, daß er in den Dienst auswärtiger Mächte treten würde, wenn man seine Dienste zu Hause verschmähe. Als umso niederschmetternder muß er daher den Bescheid empfunden haben, der ihm erteilt wird. »Ihre Exzellenzen«, ist von der Hand des Sekretärs auf der Rückseite des Gesuchs zu lesen, »lassen dem Casanova antworten, daß das Tribunal weder zustimmt noch verbietet *(né assente né dissente)*, daß er Agent des Fürsten von Hessen Kassel wird.« Weder handelt es sich bei dieser Antwort um eine Vorwegnahme von Kafkas Darstellungen der Behörden, noch wäre es angezeigt, aus ihr etwa eine besondere Abneigung der Obrigkeit gegen Casanova herauszulesen, vielmehr ist es dem Tribunal tatsächlich nur gleichgültig, welcher Beschäftigung er nachgeht; worin auch immer seine Fähigkeiten, Erfahrungen und Verdienste bestehen mögen, sie reichen nicht aus, ihn für eine der Stellen zu qualifizieren, nach denen er strebt, denn diese sind ausschließlich den Angehörigen des Patriziats vorbehalten. Der allmähliche Niedergang des venezianischen Staatswesens, seine erstarrende, nur noch auf Selbsterhaltung bedachte Politik läßt die Kluft zwischen Aristokratie und Bürgertum tiefer sein als in den alten Monarchien Europas. Mag Casanova aufgrund seines Geistes, seiner Bildung und seines langjährigen Umgangs sich noch so sehr dem Patriziat zugehörig fühlen, so muß er doch schon unmittelbar nach seiner Rückkehr zur Kenntnis nehmen, daß in seiner

Vaterstadt der alte Gegensatz nach wie vor uneingeschränkt gültig ist; von der Bewegung, in die, als Folge der Gedanken der Aufklärung, die Verhältnisse in den meisten europäischen Staaten, insbesondere Frankreich, allmählich geraten sind, ist in Venedig nichts zu spüren. Hier ist das eigentliche Motiv angelegt, aus dem heraus Casanova sechs Jahre später die Niederschrift seines autobiographischen »Versuchs«, der Novelle »Das Duell«, unternehmen wird: schon mit dem ersten Satz wird er dort den Gegensatz zwischen der durch Geburt vorgegebenen Zugehörigkeit zu einem Stand (*titoli*) und der auf individueller Leistung (*educato*) gründenden Selbsteinschätzung zum Thema machen.

Wenn die Republik auch nicht willens ist, den unentwegt Wohlverhalten und Gehorsam demonstrierenden Rückkehrer in ehrenvollen Dienst zu nehmen, so kann sie ihn doch beim Wort nehmen und seine Loyalität durch eine Tätigkeit als *confidente* auf die Probe stellen. Denn es ist der venezianischen Obrigkeit zwar gelungen, die Bewegung der Aufklärung aus ihren Institutionen fernzuhalten, dennoch vermag sie es nicht, deren Spuren ganz zu tilgen. Die stürmische Entwicklung, die sich seit 1751 in Frankreich in den Salons anbahnt und in der »Enzyklopädie« schwarz auf weiß vorliegt, erscheint in Venedig gleichsam als ein Wispern und Tuscheln, als ein bienenfleißiges Umherschwirren, mit dem eine Heerschar von Spionen die Stadt durchzieht, um pünktlich ihre Berichte abliefern zu können. Die von Giovanni Comisso zusammengestellte Sammlung von Spitzelberichten liest sich in der Tat wie eine Enzyklopädie dessen, was in Venedig vorgeht und offenbar wichtig genommen wird; in der überwiegenden Mehrzahl der Fälle geht es um eher »unpolitische« Vorfälle, um Verstöße gegen Fastengebote und gegen die öffentliche Moral, falls es eine solche in Venedig gab. Einiges wirkt beinahe romantisch, wie eine Kulisse für eine Aufführung der commedia dell' arte, für Nacht- und Phantasiestücke »in Callots Manier«: *In piazza di San Marco alla notte*; anderes riecht nach Sünde, bleibt aber in ein geheimnisvolles Licht getaucht: »Ein Botschafter, eine Dame und ein Priester«; »Töchter einer Witwe, als Männer verkleidet«; zuweilen auch könnte es sich um ein Stück von Goldoni handeln: *Una donna al caffè*; besonderer Aufmerksamkeit scheint sich traditionsgemäß der französische Botschafter zu erfreuen: »Der französische Botschafter im Kloster Nonne Canal«; »Was der französische Botschafter im Kloster treibt«, aber auch »Protest des Kochs des französischen Botschafters«. Aber natürlich heften sich die *confidenti* auch an die Fersen von venezianischen Edelleuten, wenn auch nicht alle so verworfen gewesen sein dürften wie der Patrizier Marco Donà, *ateista, sodomita e mangia di grasso*. Überhaupt sollten sich die Patrizier mehr in acht nehmen, die Staatsinquisition hat ihre Augen und Ohren überall: »Der Patrizier Corner treibt es im Ausland mit einer Hure aus Bologna«; »Der Patrizier Loredan im Hause der Hure aus Ferrara«. Auch um die große Politik haben sich die Spitzel zu kümmern. Was gibt es Neues aus dem Kirchenstaat?

»Der kranke Nuntius«. Wie pflegt die Republik Venedig ihre Beziehungen zu Preußen? Indem der Senat dem preußischen König zwölf *uomini giganti* (»lange Kerls«) verehrt, »als freundliches Angebinde«, wobei es allerdings etwas merkwürdig berührt, daß auch dieser offizielle Vorgang von einem Spion rapportiert wird; sollte dieser nicht im Übereifer gehandelt haben, so ist eigentlich nur der Schluß zulässig, daß die Regierung sich selbst bespitzeln läßt. Überhaupt scheinen die *confidenti* durch ihren Beruf überfordert gewesen zu sein, was bei dem Tag und Nacht nicht abreißenden Lärm, den Rufen der Händler und Gondolieri, dem Stimmengewirr in den Kaffeehäusern und den anderen öffentlichen Orten – und was ist nicht ein öffentlicher Ort in Venedig – auch nicht wundernimmt. »*Dio Benedetto sa e Maria Vergine* – Gott und die Jungfrau Maria wissen«, so beginnt ein *confidente* seinen Bericht darüber, was über den neuesten Krieg geredet wird, »wie sehr ich mich heute früh angestrengt habe, um zu verstehen, was die Leute im Geschäft des Barbiers Lorenzo, wo nur venezianische *cavalieri* und einige große Herren behandelt werden, alles gesagt haben. Ich gestehe, man kann nur wenig verstehen, weil sie in diesem Geschäft alle gleichzeitig reden und weil da noch ein großes Gesumm von schwatzendem Volk ist. In dem Lokal war der Fürst von Kastilien, wenn ich das richtig verstanden habe. Ganz gewiß redeten diese Leute über nichts anderes als den Krieg, aber was (*ma la sostanza*), das konnte man nicht verstehen.« Ganz leer ausgegangen ist aber auch dieser *confidente* nicht; so ist er absolut sicher, einen Kavalier gehört zu haben, der sagte, daß »sie die Kanone und die Mörser zurückgelassen haben, aber« – und mit dieser verzweiflungsvollen Klage schließt der Bericht – »sechs Stimmen auf einmal sind unmöglich zu verstehen, und so habe ich nicht hören können, wer die Kanone und die Mörser zurückgelassen hat.«[20]

So oder so ähnlich sind die meisten Berichte der *confidenti* abgefaßt; gefährlich scheint es fast nur dann zu werden, wenn von freimaurerischen Umtrieben die Rede ist. Geheime Aktivitäten können die Behörden, die selbst mit Vorliebe im Geheimen operieren, nicht dulden. Aber so harmlos die meisten Berichte auch klingen, so unabsehbar können, wie das Beispiel Casanovas lehrt, im Einzelfall die Folgen sein. Denn in Wahrheit geht es weniger um den Inhalt der Berichte, viel wichtiger ist die Aufrechterhaltung des Prinzips, um dessentwillen das Spitzelsystem überhaupt eingerichtet worden war: Die Regierung, bemerkt Casanova in den Memoiren, hatte es sich zum Prinzip gemacht, daß niemand ihr etwas Neues mitteilen konnte; sie erhob den Anspruch, immer schon alles zu wissen. Tatsächlich ist damit der Nerv des venezianischen Staatswesens in seiner Spätzeit bloßgelegt; es gilt, im Bewußtsein der Bevölkerung, das Patriziat eingeschlossen, die Überzeugung zu verwurzeln, daß es nichts Neues, der Obrigkeit einstweilen Verborgenes geben kann: Allwissenheit soll an die Stelle der allmählich schwindenden politischen Macht treten.

Das allgegenwärtige Spitzelwesen in Venedig ist

also mehr als nur ein staatliches Unterdrückungsinstrument, es ist darüberhinaus eine geradezu klassische Form der Gegenaufklärung. Während des 18. Jahrhunderts erscheinen Aufklärung und Geheimnis als ein »geschichtliches Zwillingspaar« insofern, als in den geheimen Gesellschaften, insbesondere in den Logen der Freimaurer, die ständische Gliederung und damit auch die Differenz zwischen hoher und niederer Geburt aufgehoben sind. »Der Bruder war innerhalb der Logen kein Untertan der Staatsgewalt mehr, sondern Mensch unter Menschen: er dachte, plante und handelte in der Logenarbeit frei. (...) Die Freiheit vom bestehenden Staat war – mehr als ihre soziale Gleichheit – das eigentliche Politicum der bürgerlichen Logen.«[21] In Venedig dagegen versucht die Staatsgewalt, mit den Mitteln des Spitzelwesens das Geheimnis zu einem staatlichen Monopol zu machen. Aus der *Serenissima Repubblica* ist in der zweiten Hälfte des 18. Jahrhunderts eine Zitadelle der Gegenaufklärung in Europa geworden.

V

Vor diesem Hintergrund erst wird das ganze Ausmaß der Demütigung sichtbar, die Casanova auf sich nahm, als er sich dazu bereitfand, als Spitzel für die Staatsinquisition tätig zu werden. Nicht viel hätte gefehlt, und sein einstiger Denunziant Manuzzi hätte ihn als neuen Kollegen begrüßen können. Manuzzi, der seit dem Jahre 1740 in den Diensten der Staatsinquisitoren stand, war bis zu seinem Tode im April 1774 als Spion tätig; ein halbes Jahr später kehrt Casanova nach Venedig zurück, ab 1776 liefert er, unter dem Decknamen Antonio Pratolini, regelmäßig Berichte an die Behörden. Diese werden zunächst einzeln bezahlt, erst im Oktober 1780 wird Casanova einer festen Anstellung mit einem Gehalt von 15 Dukaten pro Monat für würdig befunden. Aber schon ein Jahr später wird die Anstellung widerrufen, und Casanova ist erneut, bis Ende Oktober 1782, als eine Art freier Mitarbeiter tätig, dessen Artikel wohl nach dem Informationsgehalt, den die Inquisitoren ihm zumessen, bezahlt werden.

Sehr hoch allerdings können sie Casanovas Arbeit nicht eingeschätzt haben. Dem Manuzzi kann Casanova nicht das Wasser reichen, weder was die Anzahl und Bedeutung der Informationen betrifft, noch die Präzision und kalte Sachlichkeit, durch die sich dessen Berichte auszeichnen. Das Portrait, das Manuzzi in seinen Berichten vom 11. November 1754, 22. März und 17. Juli 1755 von Casanova zeichnet, ist – man muß es bei allem Widerwillen gegen sein Handwerk zugeben – eine Meisterleistung. Die in der Literatur über Casanova immer wieder, in verschiedenen Variationen anzutreffende Charakterisierung des Manuzzi als stumpfsinniges, subalternes, willenloses und pedantisches Werkzeug der Inquisition, als »kleines Insekt«[22], ist nach einer genaueren Lektüre seiner in geschliffener Sprache abgefaßten Berichte nicht aufrechtzuerhalten. Man lese etwa nach, was Manuzzi, zwanzig Jahre nach seinem eher kurzatmigen und verwirrten Kollegen, darüber zu berichten weiß, wie man in der Bevölkerung über den Krieg, der später der Siebenjährige heißen wird, redet: »Da man in den Kaffeehäusern und anderen Versammlungsorten über nichts anderes spricht als den Krieg zwischen dem König von Preußen und der Kaiserin, so äußern sich die Gemüter für die eine wie für die andere Seite, woraus ein großer allgemeiner Klatsch entsteht. Hierbei jedoch ist bemerkenswert, daß man einige hören kann, die respektlos reden sowohl über die Kaiserin als auch über den König von Preußen, und die dabei höchst unschickliche Ausdrücke gegen die Majestäten gebrauchen.«[23] Man kann nicht präziser sagen, worauf es in der Tat ankommt. Daß anläßlich einer kriegerischen Auseinandersetzung in der Bevölkerung sich Parteien mit gegensätzlicher Meinung bilden, ist selbstverständlich und im allgemeinen nicht von besonderer Bedeutung; Manuzzi macht sich daher auch nicht die Mühe, irgendwelche Äußerungen dieser Art festzuhalten. Für bedeutsam dagegen hält er die Tatsache, daß es offenbar Personen gibt, die sich nicht darauf beschränken, für die eine oder andere Seite Partei zu ergreifen, sondern die beide Parteien zugleich, und zwar in der Person des jeweiligen Souveräns, herabsetzen. Manuzzi hat sich damit als ein Spion erwiesen, der fähig ist, seinen Auftrag nicht blindlings auszuführen, sondern ihn im Sinne seiner Auftraggeber selbständig zu durchdenken. In der Tat können der venezianischen Obrigkeit die von Manuzzi berichteten Tendenzen nicht gleichgültig sein; wer beide kriegführende Monarchen zugleich herabsetzt, gibt nicht nur zu erkennen, daß er nicht mehr ohne weiteres bereit ist, staatliche Autorität hinzunehmen, er setzt sich auch dem Verdacht aus, von einem weiteren Virus der Aufklärung, der Idee der Nation, infiziert zu sein. Kriege sind im 18. und noch bis ins 19. Jahrhundert hinein in aller Regel Kabinettskriege; sie werden nicht im Namen der Nation, sondern des Souveräns geführt. Die Bevölkerung hat die Folgen der Kabinettspolitik widerspruchslos zu tragen, die Soldaten haben zu sterben, im übrigen geht der Krieg sie nichts an. »Der König hat eine Bataille verloren. Jetzt ist Ruhe die erste Bürgerpflicht.«[24] Dieses ausschließlich dynastisch begründete Politikverständnis führt bei den Friedensschlüssen regelmäßig zu einem willkürlich und zufällig wirkenden Austausch von Provinzen zwischen den regierenden Häusern. Die Idee der Volkssouveränität, die durch die Aufklärung vorbereitet wird und in den Revolutionskriegen, die aus französischer Sicht nationale Kriege sind, ihren Ausdruck findet, kann die Republik Venedig, die noch immer organisiert ist wie eine Stadt der Renaissance, keinesfalls hinnehmen. Es hieße nun gewiß zu weit gehen, dem begabten Spion Giovanni Battista Manuzzi zu unterstellen, er sei sich dieser Tendenzen bewußt gewesen. Aber es bleibt doch wahr, daß Manuzzi im allgemeinen »richtig liegt«, in nicht nur äußerlicher Übereinstimmung mit seinen Auftraggebern, wie schon aus den Vermerken der Behörde sichtbar wird, die sich auf seinen Berichten finden. Nicht nur wird er häufig aufgefordert, einem Sachverhalt, dem er auf der Spur ist, genauer nachzugehen, sondern vor auch allem haben seine Berichte Folgen schwerwiegender Art, wie der Fall seines prominentesten Opfers erkennen läßt.

Von Casanovas Tätigkeit als Spion ließe sich das schwerlich behaupten. Auf einem seiner ersten Berichte findet sich der Vermerk »Gelesen und nicht weiter beachtet«[25]. Im übrigen reagiert die Behörde zumeist nur durch den Vermerk »Bericht von Casanova«, wenn sie nicht überhaupt jeden Kommentar unterläßt. Seine beiden größten »Erfolge« scheinen gewesen zu sein, daß er einmal, anläßlich einer Ballettaufführung, »einen gewissen Geist der Revolte« entdeckt; das andere Mal, als er, am 3. Mai 1782, den Patrizier Zan Carlo Grimani verbotener Kontakte mit ausländischen Diplomaten bezichtigt (denselben Grimani, der wenige Monate darauf Casanova zu jenem Skandal provozieren wird, der ihn zum abermaligen Verlassen Venedigs zwingt). In beiden Fällen wird der Beschuldigte vor den Sekretär des Tribunals zitiert, der ihm einen scharfen Verweis erteilt. Damit war die Angelegenheit wohl erledigt.

Nein, großen Schaden hat Casanova mit seiner Tätigkeit als *confidente* gewiß nicht angerichtet, wie man zur Erleichterung all derer konstatieren kann, die, wie Arthur Schnitzler, die Memoiren »mit oft entzückter Antheilnahme« gelesen hatten, durch den »traurigen Nachtrag« aber, die Spioniererei, geradezu verstört waren.[26] So hat etwa ein undatierter, vermutlich im November 1781 entstandener Bericht folgenden Wortlaut:

»Verehrte und erlauchte Herren Staatsinquisitoren,

in San Moisè, am Anfang des Fischmarktes, und zwar dort, wo man vom *Canal Grande* her zur *Calle del Ridotto* geht, befindet sich das Gebäude, das sich Malerakademie nennt. Dort versammeln sich die Zeichenschüler, um während mehrerer Abende einen nackten Mann und eine nackte Frau in verschiedenen Stellungen zu zeichnen. Heute, Montagabend, wird es eine Frau sein, die von verschiedenen Schülern nackt gezeichnet werden soll, wie sich zeigen wird.

Zu dieser Akademie der nackten Frauen werden auch mehrere junge Zeichner zugelassen, die kaum zwölf oder dreizehn Jahre alt sind. Außerdem finden sich zu einem solchen Schauspiel viele Dilettanten ein, die weder Zeichner noch Maler, sondern einfach Neugierige sind. Diese Sache wird in der ersten Nachtstunde beginnen und bis zur dritten dauern. Danke.«[27]

Auf der Rückseite des Blattes findet sich von anderer Hand der Vermerk »Bericht von Casanova«, und mehr ist dazu ja auch tatsächlich nicht zu sagen.

Ungeachtet der Harmlosigkeit seiner Berichte aber rückt Casanova natürlich doch durch die Art seiner Tätigkeit in ein ungünstiges Licht; was ihm, wenn nicht die Sympathie, so doch den Respekt der Leser seiner Memoiren einträgt, war ja gerade die Unabhängigkeit, die sein Leben bis zur Rückkehr nach Venedig kennzeichnete. Gewiß war Casanova mit vielen seiner Eigenschaften, Vorlieben und Abneigungen ein Kind seiner Zeit; Unabhängigkeit meint nicht, daß er auch außerhalb jener Gesellschaft, die er als die »gute« apostrophierte, hätte leben können; vielmehr bestand seine Unabhängigkeit darin, daß er für sich nichts akzeptierte, was er als bloß durch äußere Macht oder durch Konvention gestützt durchschaute, insbesondere, was kirchliche Lehrmeinungen und Einschüchterungsversuche betraf.

VI

Diese Unabhängigkeit scheint Casanova, als er in die Dienste der Staatsinquisitoren tritt, auf eindeutige und unbezweifelbare Weise preisgegeben zu haben. Casanova, der in einem Ballett den Geist der Insubordination wittert, der beim Aktzeichnen die Sittenpolizei zugegen sehen will, das sind Tatsachen, die zu belegen scheinen, daß der große Libertin und Freigeist sein bisheriges Leben durchstreicht und zum Tartuffe wird. Muß man dann auch noch zur Kenntnis nehmen, daß er in einem ausführlichen Bericht aufzählt, was er in Venedig an verbotenen Büchern aufgespürt hat – natürlich sind wesentliche Werke der Aufklärung darunter –, so scheint endgültig festzustehen, daß es sich bei dieser Wendung nicht um einen aus der Situation größter finanzieller Bedrängnis heraus vollzogenen Akt äußerlicher Anpassung handelt, sondern um die bewußte Verleugnung aller dessen, was er einst nicht nur gedacht, sondern gelebt hatte. Dagegen glaubt J. Rives Childs seinem Helden offenbar einen Gefallen zu tun, wenn er ihm bei dieser Gelegenheit bescheinigt, er, Casanova, sei ohnehin schon immer ein Gegner der Aufklärung gewesen: »Man mißversteht seine tiefsten Überlegungen, wenn man – wie manche Kritiker es getan haben – seinen Bericht vom 28. Dezember 1781 an die Inquisition über gottlose und unzüchtige Werke zu leicht nimmt. Der Grundgedanke seiner Überlegung ist, daß ›diese Bücher es verdienen, verbrannt zu werden, selbst wenn es gar nicht ihr Ziel ist, die Religion zu verspotten‹. Tiefverwurzelte Gläubigkeit war ein Grundzug seines Charakters. Es gehört zu den erstaunlichsten Wesenszügen dieses Mannes, der doch über enorme geistige Fähigkeiten verfügte, daß er im Zeitalter der Aufklärung den Erkenntnissen der französischen Philosophen und Enzyklopädisten gegenüber unzugänglich blieb.«[28] Immer wieder liefert Rives Childs die erstaunlichsten Hinweise darauf, in welchem Ausmaß es einer ausschließlich an den sogenannten Tatsachen orientierten Wissenschaft möglich ist, von ihrem Gegenstand alles zu wissen, ohne etwas zu verstehen. Rives Childs läßt Casanova eher zum bigotten Eiferer und fanatischen Bücherverbrenner werden, als daß es ihm in den Sinn käme, danach zu fragen, welche Bedeutung in Casanovas Bericht der Ruf nach dem Scheiterhaufen habe und wie die kritischen Äußerungen gegen führende Philosophen der Aufklärung, die in der Tat überliefert sind, zu verstehen seien. Ein genauerer Blick auf den berüchtigten Bericht über verbotene Bücher ist daher angezeigt, wenn es darum geht, Casanovas Stellung zu einigen Grundpositionen der Aufklärung näher zu bestimmen und im übrigen auch die Situation zu vergegenwärtigen, in der er zum erstenmal darangeht, mit der Novelle »Das Duell« eine Episode aus seinem Leben aufzuzeichnen. Denn so verschiedenartig die Novelle und die etwa zur gleichen Zeit abgefaßten Berichte auch sind, gemeinsam ist ihnen die Betonung der *patriotischen Einstellung*, der *religiösen Rechtgläubigkeit* und der *moralischen Unbedenklichkeit*, die der Verfasser immer aufs neue, hier wie dort, in unterwürfigem Tonfall vorträgt.

Um den Wert von Casanovas Denunziation verbotener Bücher für die Staatsinquisition einzuschätzen, ist es von Nutzen, noch einmal einen Blick auf den bewährten Spion Manuzzi zu werfen. Im Sommer 1764 hatte er den Auftrag erhalten, Genaueres herauszufinden über ein Buch, über das man einstweilen nur wußte, daß es großes Aufsehen erregte; es schienen jedoch bereits Gerüchte zu kursieren, daß es sich bei dem Autor um einen Venezianer handelte. Der Spion begibt sich unverzüglich zu dem Buchhändler Pasquali, wo er von einem jüngeren Angestellten den Titel des anonym erschienenen Werks erfährt – *»Dei delitti e delle pene*, über Verbrechen und Strafen« – sowie die Tatsache, daß es offenbar reißenden Absatz findet, denn die erste Lieferung – die Bücher kommen aus Livorno – sei bereits verkauft, weitere dreißig Exemplare seien bestellt, sie könnten jedoch nur an die Besteller abgegeben werden, da der freie Verkauf versorglich verboten sei. Auf die Frage nach dem Autor, so berichtet Manuzzi weiter, habe der junge Mann nur einige vielsagende Gesten gemacht;

zuvor aber habe er ihm noch gesagt, das Buch sei ganz ausgezeichnet geschrieben, und es könnten diejenigen, die es gelesen hätten, nichts Anstößiges darin entdecken; überhaupt wisse man nicht, warum es eigentlich verboten werden solle.

In diesem Bericht des Manuzzi sind mehrere Aspekte bemerkenswert: die übliche Präzision seines Vorgehens, vor allem aber die Tatsache, daß die Staatsinquisitoren und ihr getreuer Spion offenbar ein ausgezeichnetes Gespür für wirkliche Aktualität haben, selbst wenn die Vermutung, bei dem Autor handele es sich um einen Venezianer, sich nicht bestätigen sollte. Der Marchese Cesare Beccaria (geboren 1738) war, neben den Brüdern Pietro und Alessandro Verri, einer der Köpfe des Mailänder Zentrums der italienischen Aufklärung. (Der zweite Schwerpunkt der Aufklärung in Italien war Neapel, wo der andere bedeutende Jurist der italienischen Aufklärung, Gaetano Filangieri, lebte.) In Mailand schlossen sich die Aufklärer zur »Società del Caffè« zusammen; deren Organ, »Il Caffè«, erschien zwar nur von 1764 bis 1766, übte jedoch bedeutende Wirkung auf ganz Italien aus. Beccarias Buch erregt in allen europäischen Ländern größtes Aufsehen, weil hier die Grundlagen eines neuen Strafrechts gelegt werden. Es setzt mit der Überlegung ein, daß die bestehenden Gesetze das Ergebnis von mehr oder weniger zufälligen Entwicklungen seien; so habe sich das römische Recht mit den Überlieferungen der Langobarden vermischt, wozu im Laufe der Jahrhunderte noch die unterschiedlichsten Interpretationen der Juristen gekommen seien. Aus diesem Chaos erkläre sich auch, so führt Beccaria aus, die Willkür und die häufig anzutreffende barbarische Härte der Strafen. (Auf einen der entsetzlichsten Fälle solcher Bestrafungen spielt Casanova zu Beginn seiner Novelle mit der Bemerkung an, eine halbe Stunde, nachdem er zum erstenmal in Paris angekommen sei, am 5. Januar 1757, habe Damiens das Attentat auf Ludwig XV. begangen; der Bericht von dessen Vierteilung erregte in Europa so großes Aufsehen, daß Casanova bei Abfassung der Memoiren ihn als bekannt voraussetzen konnte; dafür schildert er, wie die gute Gesellschaft, die zu dieser Gelegenheit Zimmer mit Blick auf den Hinrichtungsort gemietet hatte, das Ereignis beging: er selbst, schreibt Casanova, habe den Blick abwenden müssen, während die Damen der Gesellschaft den Anblick des Unglücklichen, »der nur noch seinen halben Körper hatte«, mit wollüstiger Erregung genossen; am Fenster stehend, halb vorgebeugt, angeblich, um den hinter ihnen stehenden Herren nicht die Sicht zu nehmen, gaben sie vor, von den Ereignissen so gefesselt zu sein, daß sie kaum bemerkten, wie zur gleichen Zeit ihre Kavaliere sich als Liebhaber betätigten.[29]) Gegen diese barbarische und auf bloßer Willkür beruhende Praxis stellt Beccaria seine – auf dem »Contrat social« Rousseaus fußende – Theorie der Strafe. Da das Verbrechen ein Verstoß gegen den Gesellschaftsvertrag sei, habe die Höhe der Strafe sich nach der Schwere des Falles zu richten. »In dem Maße, in dem die Strafen grausamer werden, verhärten sich auch die Menschen, da sie sich nämlich wie

Flüssigkeiten verhalten, die stets die gleiche Höhe wie ihre Umgebung einnehmen; (...) nach hundert Jahren schreckt das Rad genausowenig ab, wie es zuvor das Gefängnis tat. Damit eine Strafe wirksam sei, genügt es, daß das Übel, das die Strafe darstellt, über das Gut, das das Verbrechen einbringt, hinausgehe; nach diesem Überschuß des Übels und nach dem Verlust des Gutes, den das Verbrechen hervorbringt, muß die Strafe, als eine unausweichliche Folge, berechnet werden.«[30] In diesem Grundgedanken ist enthalten, daß Beccaria den Gedanken der Abschreckung nicht gelten läßt – »durch ein Übermaß an Strafen sind die Menschen noch nie gebessert worden«[31] –, woraus wiederum die Forderung nach Abschaffung der Todesstrafe und der Folter hervorgeht. Mit Beccaria vollzieht sich die Abkehr vom mittelalterlichen Prinzip der Strafe, die in der Regel in der Tötung bzw. Verstümmelung des Körpers bestand, zur neuzeitlichen Strafe, die im wesentlichen Freiheitsentzug bei Wahrung der körperlichen Unversehrtheit ist. »Es ist nicht die Intensität der Strafe, die die größte Wirkung auf das menschliche Gemüt hervorbringt, sondern ihre Ausdehnung; denn unser Empfinden wird leichter und nachhaltiger von geringfügigen aber wiederholten Eindrücken beeinflußt als von einem starken aber vorübergehenden Gefühl. (...) Nicht das schreckliche, aber nur kurze Zeit dauernde Schauspiel der Hinrichtung eines Schuldigen bremst das Verbrechen, sondern das lange und mühselige Beispiel eines der Freiheit beraubten Menschen, der zum Lasttier geworden ist und durch die Strapazen, die er erdulden muß, Wiedergutmachung an der Gesellschaft leistet, gegen die er sich vergangen hat.«[32] Was Beccaria in Venedig verdächtig machen mußte – sein Buch wurde endgültig verboten, sobald man Genaueres darüber erfahren hatte –, war vor allem wohl die Tatsache, daß alle seine Überlegungen immer auf dieselbe Konsequenz zulaufen: die Forderung nach Abschaffung der Willkür im Rechtswesen. Wenn Todesstrafe und Folter als zwar heftige, aber vorübergehende Eindrücke keine abschreckende Wirkung haben, dann sind sie abzuschaffen; wenn die Strafe der genau dosierte Ausgleich für einen Verstoß gegen den Gesellschaftsvertrag sein soll, dann bedarf es einer genauen Kodifizierung des geltenden Rechts in Gesetzbüchern, die für alle Mitglieder der Gesellschaft Geltung beanspruchen können; und schließlich ist es zur Vermeidung von Willkürakten notwendig, daß die Verhandlungen öffentlich geführt und die geheimen Anklagen abgeschafft werden.

Es ist also nicht weiter verwunderlich, daß man in Venedig zunächst annahm, bei dem Verfasser der Schrift handele es sich um einen Einheimischen: zu genau hatte Beccaria alle die Praktiken zur Sprache gebracht, die in Venedig an der Tagesordnung waren. Wirklich gefährlich aber wurde das Buch wohl erst dadurch, daß, anders als etwa die Freimaurer, denen man aufgrund ihrer Rituale ohne weiteres unterstellen konnte, sie hätten etwas zu verbergen, Beccaria nichts geschrieben hatte, was der Vernunft nicht ohne weiteres zugänglich wäre. Die von Manuzzi rapportierte Bemerkung des jungen Buchhändlers, er wisse nicht, weshalb das Buch zu verbieten sei, und die des Patriziers Pisani, das Buch »handle von Dingen, die alle wissen müßten«[33], dürften die Behörden stärker beeindruckt haben, als es jede andere Äußerung vermocht hätte. Es ist die Ahnung von der Unwiderstehlichkeit der Aufklärung, die sich, gegen seinen Willen, in dem Bericht des Spions Bahn bricht.

VII

Im Vergleich mit Manuzzi, der seinen Auftrag immerhin mit Präzision und wohl auch mit einem gewissen Gespür für die Aktualität des Gegenstandes ausführt, ist Casanovas Bericht über die Verbreitung verbotener Bücher vom 22. Dezember 1781 in doppelter Hinsicht enttäuschend: zum einen sind seine Ausführungen so allgemein gehalten, daß sie als Geheimbericht eines *confidente* völlig unzureichend sind; andererseits aber scheint der übergroße Eifer, mit dem er nach dem Scheiterhaufen ruft, keinen Zweifel daran zu lassen, er habe alles verraten, was einmal von Bedeutung für ihn war.

Bei der Einschätzung dieses Sachverhalts wird allerdings regelmäßig außer acht gelassen, daß Casanova ein Autor ist, der Fakten nicht einfach nur aneinanderreiht, sondern ihre Bedeutung erst durch die spannungsvollen Beziehungen mitteilt, in die er sie zueinander treten läßt. So fällt die Bemerkung, einige der genannten Bücher seien es wert, den Flammen übergeben zu werden *(degnissimi del fuoco)*, gerade nicht im ersten Teil des Berichts, in dem philosophische Werke von Machiavelli bis Voltaire aufgezählt werden, sondern in einem Abschnitt, in dem vorwiegend von pornographischer, eher minderwertiger Literatur – »Die Nonne im Hemd« – die Rede ist; und selbst noch in diesem Zusammenhang wird die Forderung nach dem Scheiterhaufen durch den Zusatz abgeschwächt, ein Buch werde unglücklicherweise dann besonders viel gelesen, wenn es sich eine solche förmliche Verurteilung zugezogen hatte: »Eine Proskription ist oft ein Glücksfall für einen Autor.« Das ist mehr als nur eine Phrase. Casanova weiß, wovon er spricht, wenn er die Vergeblichkeit von Bücherverbrennungen erwähnt; das Verfahren, das im Jahre 1757 nach einem Hirtenbrief des Erzbischofs von Paris, Beaumont, gegen die »Enzyklopädie« angestrengt wurde, wird von Casanova zwar nicht erwähnt, aber es kann ihm, da er sich zu jener Zeit in der französischen Hauptstadt aufhielt, unmöglich entgangen sein. War ein Buch nach dem förmlichen Prozeß verurteilt worden, so wurde die Verbrennung durch den Henker vollzogen, allerdings nicht an den wirklichen Büchern, sondern an Ballen Makulatur.[34] Daß durch ein solches Vorgehen die Verbreitung der inkriminierten Bücher entscheidend gefördert wurde, war den Zeitgenossen natürlich bekannt und wurde von ihnen gelegentlich auch ausgesprochen, etwa von dem in Paris lebenden Baron Melchior Grimm, der bemerkt haben soll, es könne einem Autor nichts Besseres passieren, als daß sein Buch zum Scheiterhaufen verurteilt werde. So läßt Casanovas Geheimbericht über in religiöser bzw. in sittlicher Hinsicht anstößige Bücher zuweilen sogar den Eindruck entstehen, er habe sich über seine Auftraggeber insgeheim lustig gemacht, etwa, wenn er nicht nur die zeitgenössischen, längst bekannten Bücher und arrivierten Autoren wie Voltaire und Rousseau anführt, sondern auch Machiavelli und sogar antike Autoren wie Lukian (120–180) und Porphyrios (232–304), die aber immerhin die Anfänge des Christentums schon mitbekommen hatten, im Gegensatz zu Diagoras, der zwar in der Tat wegen Leugnung der Götter verurteilt worden war, dies aber fünf Jahrhunderte vor Christi Geburt. Schließlich läßt Casanova an einer Stelle sogar durchblicken – ob mit Absicht oder unbeabsichtigt, mag dahingestellt bleiben –, was er in Wahrheit von den inkriminierten Büchern hält: diese seien, so resümiert er, »allgemein verbreitet« und »in allen guten Bibliotheken« anzutreffen.

Es kann also keinen Zweifel geben, daß Casanova bei seiner Tätigkeit als *confidente* sich durchaus nicht mit den Zielen seiner Auftraggeber identifiziert, oder sich aus einer »tiefverwurzelten Gläubigkeit« heraus für das Verbrennen unorthodoxer Bücher eingesetzt hätte. Das schließt indessen nicht aus, daß er gegen einige Tendenzen der Aufklärung in der Tat erhebliche Vorbehalte hat. Wie diese beschaffen sind, läßt sich den Memoiren entnehmen, in denen Casanova sich zu zwei Titeln, die schon in seinem Bericht vom Dezember 1781 erwähnt worden waren, ausführlicher äußert, und zwar zu Pierre Charrons dreibändigem Werk »De la Sagesse« (1601) und zu »De l'Esprit« von Helvétius aus dem Jahre 1758. Gemeinsam ist beiden Werken, daß sie nicht eigentlich einen Durchbruch des Denkens bedeuteten; ihren großen Erfolg verdankten sie eher der Tatsache, daß sie bereits vorhandene Impulse zusammenfaßten, radikalisierten und auf diese Weise populär werden ließen.

Was Casanova von »De la Sagesse« hält, läßt sich schon daran erkennen, daß er sich nur mittelbar auf das Buch bezieht, als wäre es eine direkte Auseinandersetzung gar nicht wert. Der Leser der Memoiren lernt es buchstäblich durch den Mund eines Individuums kennen, das eines Tages Casanovas Zellengenosse unter den Bleidächern wird. »Der Neuankömmling war ein Mann von fünfzig Jahren, von meiner Größe, ein wenig krumm, mager, mit einem großen Mund und langen schmutzigen Zähnen; er hatte kleine braune Augen, lange rote Brauen, eine runde schwarze Perücke, die nach Öl stank, und war in grobes graues Tuch gekleidet.«[35] Da der unappetitliche Geselle behauptet, kein Geld zu haben, um über den Wärter zusätzlich Verpflegung zu kaufen, wird er auf Schiffszwieback und Wasser gesetzt, woraufhin Casanova, gutmütig wie fast immer, ihn zum Essen einlädt. Allmählich gibt der andere seine Reserviertheit auf, stellt sich als Sgualdo Nobili vor und beginnt seine Geschichte zu erzählen. Er stamme aus Friaul, sei der Sohn eines Bauern, habe aber den Hof verkauft, nachdem ein Wildbach ihm Schaden zugefügt habe; er sei dann nach Venedig gezogen, um mit dem Verkaufserlös von achttausend Zechinen einen Geldverleih zu eröffnen; innerhalb von zwei Jahren habe er bereits zehntausend Zechinen verdient. »Ich war überzeugt, in kurzer Zeit zehnmal so reich zu werden. Zu dieser Zeit lieh ich einem Juden zwei Zechinen auf mehrere gut gebundene Bücher, unter denen ich ›Über die Weisheit‹ von Charron entdeckte. Ich habe mich nie gern mit Lektüre befaßt und habe nie etwas anderes als die christliche Lehre gelesen; aber dieses Buch über die Weisheit ließ mich begreifen, wie glücklich der ist, der lesen kann. Das Buch, das Sie vielleicht nicht kennen, ist ausgezeichnet. Wenn man es gelesen hat, begreift man, daß man kein anderes mehr zu lesen braucht, denn es enthält alles, was für einen Menschen zu wissen wichtig ist; es treibt ihm alle Vorurteile aus, die er in seiner Jugend angenommen hat, es befreit ihn von der Angst vor einem zukünftigen Leben, es öffnet ihm die Augen, es zeigt ihm den Weg zum Glück und macht ihn weise. Verschaffen Sie sich diese Lektüre.«[36] An dieser Stelle fällt Casanova ihm ins Wort, allerdings nur in Gedanken, als verschmähe er es, auf die Worte seines Gegenüber direkt einzugehen: »Durch diese Rede lernte ich meinen Mann kennen, denn ich kannte Charron (...). Charron, ein großer Bewunderer Montaignes, glaubte über sein Vorbild hinauszuschreiten, aber das ist ihm nicht gelungen. Er behandelt verschiedene Dinge methodisch, die Montaigne ohne Ordnung darlegt.«[37] Nach diesem Einwurf Casanovas, von dem er natürlich nichts ahnt, fährt Nobili fort: »Als ich durch Charron von Skrupeln und allen früheren falschen Eindrücken befreit war, förderte ich mein Geschäft in einer Weise, daß ich nach sechs Jahren über neuntausend Zechinen verfügte. Sie müssen sich darüber nicht wundern, denn in dieser reichen Stadt bringen das Spiel, die Ausschweifung und das Nichtstun jedermann in Verlegenheit und Geldnot, und die Weisen ziehen ihren Nutzen aus der Verschwendungssucht der Narren.« Ins Gefängnis gebracht habe ihn ein Graf Seriman, der vor einigen Jahren Geld gegen eine angemessene Gewinnbeteiligung in sein Geschäft gesteckt habe, dann aber nicht damit einverstanden gewesen sei, wie er, Nobili, abgerechnet habe. Vor den Forderungen des Grafen habe er zunächst Asyl in einem der spanischen Gesandtschaft unterstehenden Haus gefunden, schließlich aber, als er sich geweigert habe, einen Vergleich zu schließen, habe der spanische Gesandte den Staatsinquisitoren erlaubt, ihn zu verhaften. Nachdem er diese Ausführungen wörtlich und ohne zu unterbrechen wiedergegeben hat, bemerkt Casanova: »Nach dieser Erzählung dachte ich mir mancherlei über den Spitzbuben, den man bei mir untergebracht hatte, und über die Ehre, die er mir antat, in dem er mich für einen Gesinnungsgenossen hielt und bei der ganzen Erzählung noch erwartete, ich würde ihm beipflichten. In allen seinen dummen Äußerungen, die er mir drei Tage hindurch immer unter Hinweis auf Charron vorsetzte, entdeckte ich die Wahrheit des Sprichwortes: *Guardati da colui che non ha letto che un libro solo*. (Hüte dich vor dem, der nur ein einziges Buch gelesen hat.) Charron hatte ihn zum Atheisten gemacht, und er rühmte sich dessen ganz offen.«[38] Die enge Verbindung eines zweifelhaften Subjekts mit Charrons Werk, in dem zum erstenmal der Versuch unternommen worden war, die Ethik unabhängig von der christlichen Lehre systematisch zu begründen, läßt erkennen, daß es Casanova offensichtlich nicht darum geht, sich mit einer philosophischen Doktrin abstrakt auseinanderzusetzen; vielmehr ist ihm daran gelegen, die Theorie an ihrer praktischen Umsetzung zu erproben und aus einer bestimmten Praxis auf die dahinterstehende Theorie zu schließen. Wie es ein Wildbach war, der den Hof, auf dem seine Familie seit Generationen ansässig war, verwüstet hat, so ist Nobili selbst ein Entwurzelter, den die neue Zeit der beschleunigten und vermehrten Geldzirkulation in die Stadt geschwemmt hat, in Erwartung eines schnellen Gewinns. Nobili vertritt jenen Menschentyp, der nicht mehr Bauer ist – eine Vertreterin dieses seiner selbst gewissen Menschenschlags in Casanovas Erinnerungen ist Cristina, die mit ihrem Onkel in die Stadt gekommen ist, um sich dort einen Bräutigam zu suchen[39] –, aber noch nicht Bürger und schon gar nicht Patrizier, sondern ein Teil jenes Packs, das die Masse der städtischen Bevölkerung ausmacht, gesichtslos, aggressiv, skrupellos, für beliebige politische Parolen anfällig, wenn es dabei nur auf seine Rechnung kommt. »Weisheit« ist für diesen Menschentyp kein erstrebenswertes Ziel, sondern lediglich Mittel zu dem Zweck, ohne Skrupel allein dem eigenen Interesse zu folgen; in diesem Sinne gilt Charrons Werk im 18. Jahrhundert auch als »Handbuch des Libertins«.

Aufschlußreich und treffend ist der Vergleich, den Casanova anstellt zwischen dem Begründer des modernen Skeptizismus, Montaigne, und dessen Freund und Schüler Charron. In der kurzen Vorbemerkung zu den im Jahre 1580 zuerst erschienenen »Essais« verständigt Montaigne den Leser, er verfolge mit seinem Buch ausschließlich »private« Zwecke: »Ich will, daß man mich hier in meiner einfachen, natürlichen und gewöhnlichen Beschaffenheit sieht, ohne Angestrengtheit und ohne Künstlichkeit. (...) Dergestalt, mein Leser, bin ich also selbst der Gegenstand meines Buches.«[40] In einer Zeit, in der sich die religiösen Bindungen zu lockern beginnen, greift Montaigne, wahllos, wie es scheint, die verschiedensten Gegenstände psychologischer, historischer, philosophischer Natur auf, um sie durch die Reflexion hindurchgehen zu lassen, ohne daß er sich bemühte, einen Gedankengang um jeden Preis zu Ende zu führen. So kommt es, daß neben den Versuchen über die menschlichen Affekte, Tugenden und Laster und über Gegenstände von geschichtlicher Größe sich ein Kapitel über den Floh findet. Das meint Casanova, wenn er bemerkt, Montaigne lege seine Gegenstände »ohne Ordnung« dar. Aber dieses scheinbare Chaos ist gerade nicht das Resultat eines hemmungslosen und unverbindlichen Subjektivismus, der die Dinge gar nicht erreicht, weil er in sich befangen bleibt; vielmehr sind Montaignes Versuche geprägt von einem Moment der Hingabe an die Dinge, in denen das Subjekt erst zu sich selbst kommt; das ist nur möglich, wenn die Reflexion nicht als Akt endgültiger Besitzergreifung verstanden wird: *Philosopher c'est apprendre à mourir.*[41] Die Reflexion wird ihres Gegenstandes nur dann inne, wenn sie die Möglichkeit des Loslassens in sich enthält. Das ist das Gegenteil der »Weisheit«, wie Charrons Adept sie versteht. Wie bei Montaigne, so gibt es auch bei Charron keine Normen mehr, die in der Religion begründet und daher nicht in Frage zu stellen sind; die Gefahr, die in dieser Situation heraufzieht, ist, daß das Subjekt in unersättlicher Gier gleichsam zu wuchern beginnt, während die Objekte zu bloßen Gegenständen des Besessenwerdens verkümmern. Dieser Entwicklung leistet Charron Vorschub, wenn er es unternimmt, den Skeptizismus, im Gegensatz zu Montaigne, in eine »methodische Form« zu bringen, ohne zu bemerken, daß der methodisch durchgeführte Zweifel wieder zum Dogma wird, mit dem einzigen Inhalt, daß es nur noch »Vorurteile«, aber keine Wahrheit mehr gibt. Bevor Casanovas Zellengenosse Charron für sich entdeckte, war, wie er selbst sagt, seine einzige Lektüre die *doctrine chrétienne*; er ist also lediglich aus einer Heteronomie, der Gebundenheit an das religiöse Dogma, in eine andere gestolpert, den verabsolutierten Zweifel.

Obwohl Casanova in den Memoiren Montaigne nur wenige Male erwähnt, muß dessen Einfluß auf ihn doch erheblich gewesen sein. Insbesondere sein erster autobiographischer Versuch, »Il Duello«, steht ganz im Zeichen des französischen Skeptikers. Schon der Untertitel, »Saggio della vita di G. C., veneziano«, greift den Begriff des *Essai* auf, offensichtlich in der Absicht, die Geschichte von *G. C., veneziano* nicht nur als eine zufällige und private Begebenheit zu erzählen, sondern sie zugleich als exemplarisch für die menschliche Natur und die Gesellschaft darzustellen; die Exkurse, die Casanova an zahlreichen Stellen in die Erzählung einflicht, könnten mit Überschriften im Stile von Montaignes »Essais« versehen werden: »Über die Ehre«; »Über das Verhalten bei Hofe«; »Über das Duell«; »Über Essen und Trinken«. Trotzdem hat Casanova nicht wahrgemacht, was er im letzten Absatz der Novelle angekündigt hatte: daß die Geschichte seines Lebens, sollte er sie einmal erzählen, wie der vorliegende kurze Ausschnitt mit Reflexionen und Ausschweifungen durchsetzt sein würde. In den Memoiren, die er ein Jahrzehnt später zu schreiben beginnt, sind die Exkurse weitgehend in den Erzählfluß aufgelöst. Das mag zum einen damit zusammenhängen, daß Casanova der Darstellungsweise Montaignes auf andere Weise nahegekommen war. Die Memoiren sind mit einem so dichten Netz von Hinweisen auf die Gegenwart und auf das Alter des Erzählenden durchzogen, daß die gelungenste Vergegenwärtigung der Vergangenheit immer auch eine Ahnung des endgültigen Abschieds enthält: *se souvenir c'est apprendre à mourir,* mit dieser Abwandlung von Montaignes Maxime wäre der implizite Skeptizismus der Memoiren recht treffend charakterisiert. Ein weiterer Aspekt ist in diesem Zusammenhang von Bedeutung, die Art und Weise nämlich, wie Casanova es verstanden hat, der Gestalt des Charron-Adepten so eindringlich und zugleich so diskret sinnbildhafte Züge zu verleihen – der entwurzelte Bauernsohn, der in die große Stadt geschwemmt wurde –, daß die theoretischen Reflexionen auf ein Minimum beschränkt werden können; die wenigen Andeutungen über Charrons Philosophie werden in der Gestalt des Nobili so unmittelbar zur Anschauung gebracht, daß es weiterer Exkurse nicht bedarf. Dabei ist die Figur nicht etwa erfunden; sie ist nicht Resultat des angestrengten Versuchs, ein Sinnbild zu erschaffen. Nach den Prozeßakten war dieser Nobili tatsächlich zu derselben Zeit wie Casanova inhaftiert, womit natürlich noch nichts darüber gesagt ist, ob die übrigen Details, mit denen Casanova diese Episode versieht, der historischen Wirklichkeit entsprechen; möglicherweise hat dieser aufgeklärte Narr Charron niemals gelesen, und Casanova bedient sich nur dieser Figur, um seine Kritik des dogmatischen Skeptizismus darzulegen. Darauf aber kommt es in diesem Zusammenhang nicht an; entscheidend ist Casanovas Fähigkeit, mit Elementen, die der Wirklichkeit entnommen sind, die Realität zur Anschauung zu bringen und sie zugleich auf ihren Hintergrund hin durchscheinend zu machen, so sehr, daß Anschauung und Reflexion einander auf das innigste durchdringen. Das macht, könnte man sagen, den »Geist« von Casanovas Prosa aus.

Neben Charrons »De la Sagesse« kommt Casanova in den Memoiren noch auf ein anderes Werk zurück, das er bereits in seinem Bericht von 1781 erwähnt hatte, »De l'Esprit« von Claude-Adrien Helvétius (1715–1771). Anders als bei Charrons Werk handelt es sich hier um eine aktuelle Veröffentlichung, die bei ihrem Erscheinen im Jahre 1758 in Paris einen Skandal ausgelöst hatte; das Buch wurde dazu verurteilt, durch den Henker verbrannt zu werden, und sein Autor wäre aus Frankreich ausgewiesen worden, hätte er sich nicht von seinem eigenen Werk distanziert. Casanova nimmt das Buch als Reiselektüre mit, als er gegen Ende des Jahres 1759 Paris verläßt, um sich erneut nach Holland zu begeben.

Das Buch hat seinen Titel von der ersten der vier Untersuchungen, aus denen es besteht. In diesem Kapitel leugnet Helvétius, daß es einen qualitativen Unterschied zwischen Mensch und Tier gebe; die Überlegenheit des Menschen sei lediglich in der größeren Differenziertheit seiner sinnlichen Wahrnehmungen, die er speichern und zu bestimmten Zwekken wieder einsetzen könne, begründet; eine Seele, die nach herkömmlicher Auffassung den Menschen vom Tier unterscheidet, gibt es nach der von Helvétius vorgetragenen Auffassung nicht. In der zweiten Abhandlung, unter dem Titel »Über den Geist in seiner Beziehung zur Gesellschaft«, legt der Autor dar, daß es das Gute, Schöne und Wahre an sich nicht gebe, sondern – hier nimmt Helvétius Nietzsches »psychologische« Kritik der Moral um mehr als ein Jahrhundert vorweg – nur in Beziehung auf die Menschen, die einen Gegenstand dann als gut ansehen, wenn er ihren Interessen entspricht. Tugenden, die einen Wert an sich darstellen, könne es daher ebensowenig geben wie wahrhaft uneigennütziges Verhalten; untersuche man genauer, was in verschiedenen Epochen und bei verschiedenen Nationen jeweils als tugendhaft gelte, so lasse sich regelmäßig der Eigennutz als letztes Motiv nachweisen. Als einzige Möglichkeit, dennoch eine Morallehre zu begründen, bleibe daher das Gemeinwohl übrig: jeder einzelne Mensch hat sich danach so zu verhalten, daß er das möglichst große Glück einer möglichst großen Zahl von Menschen nicht beeinträchtigt. In den Abschnitten drei und vier schließlich zieht Helvétius die Konsequenzen aus diesen theoretischen Grundlagen: Die tatsächlich existierenden Unterschiede zwischen den Menschen sind nicht naturgegeben, sondern gesellschaftlich bedingt, insofern, als in einer Gesellschaft von Ungleichen nicht allen Menschen die Möglichkeit gegeben ist, ihr sinnliches Wahrnehmungs- und Differenzierungsvermögen vollständig auszubilden. Aufgabe der Erziehung ist daher, so heißt es abschließend, die Erlebnisfähigkeit der Sinne in einem gesunden Körper auszubilden.

Angesichts dieser Lehren wäre eigentlich zu erwarten, daß Casanova in seinem Reisewagen dem Autor in allen wesentlichen Punkten zugestimmt haben müßte; schließlich wird er noch im Vorwort zu seinen Erinnerungen ausdrücklich festhalten: »Den Freuden meiner Sinne galt mein Leben lang mein Hauptstreben; etwas Wichtigeres gab es für mich niemals. Da ich mich für das andere Geschlecht geboren fühlte, habe ich es stets geliebt und habe alles darangesetzt, seine Liebe zu gewinnen. Ich liebte auch mit Hingabe eine gute Tafel, und überhaupt leidenschaftlich alles, was meine Neugier erregte.«[42] Tatsächlich jedoch nimmt Casanova dem Buch gegenüber eine eher kritische Haltung ein: »Nach der Lektüre war ich weit mehr überrascht über das Aufsehen, das es verursachte, als über das Parlament, das es verboten und alles getan hatte, um den Verfasser zugrunde zu richten, der ein sehr liebenswürdiger Mensch war und viel mehr Esprit besaß als sein Buch. Ich fand nichts Neues darin. (...) Das waren alles Dinge, die schon oft und oft gesagt worden waren.«[43] Der Einwand des Eklektizismus und der Unoriginalität war den Zeitgenossen geläufig; man fand allgemein, Helvétius habe eigentlich nicht viel mehr getan als in den Salons, den geistigen Zentren der Zeit, aufmerksam zugehört und daraus sein Buch zusammengestellt; »Helvétius hat seinen Geist bei mir zusammengefegt«, soll Mme de Graffigny gesagt haben.[44] Ferner äußert sich Casanova sehr ungnädig darüber, daß Helvétius sein eigenes Werk verleugnet habe: »Wenn er weiterhin in Frankreich leben wollte, mußte er widerrufen. Er stellte das angenehme Leben, das er dort führte, über seine Ehre und über sein eigenes System, das heißt, über seinen eigenen Geist.«[45] Diese Kritik ist nicht ganz stichhaltig, denn natürlich könnte man sagen, daß Helvétius sich gerade dadurch seinem System konform verhalten habe, daß er sein »angenehmes Leben« einer Wahrheit, durch die er sich nur Schaden zugefügt hätte, vorgezogen habe.

Wirklich am Herzen aber liegt Casanova erst der

dritte Punkt seiner Kritik; hier wendet er sich gegen die These, daß alles Handeln nur auf egoistische Motive zurückzuführen sei: »Wenn der Mensch in allen seinen Handlungen der Sklave seines eigenen Interesses ist, so folgt daraus, daß jedes Gefühl der Dankbarkeit lächerlich wird, und daß keine Handlung uns als Verdienst oder Verschulden angerechnet werden kann. Man hätte keinen Grund, die Schufte zu verachten oder die ehrlichen Menschen zu schätzen. Ein armseliges System! – Man hätte Helvétius beweisen können, daß die Behauptung, unser eigenes Interesse sei in allem, was wir tun, unser erster Beweggrund und müsse als erstes zu Rate gezogen werden, falsch ist. Helvétius leugnet damit die Tugend, und das ist eigenartig, denn er selbst war überaus tugendhaft.«[46] Entscheidend ist, daß Casanova diese Kritik nicht aus einem konventionellen Moralverständnis heraus hervorbringt, etwa derart, daß an bestimmten Werten nun einmal festzuhalten sei; das gilt auch für die in den Memoiren wiederholt anzutreffende Beteuerung, er habe immer die Tugend geliebt, oder wenn er hin und wieder betont, er habe sich in einer bestimmten Situation ganz uneigennützig verhalten. Aus diesen Bemerkungen ist nicht zu schließen, hier versuche ein altgewordener Libertin seine eigene Hagiographie zu schreiben; Casanova hat tatsächlich immer wieder sein gutes Herz unter Beweis gestellt und anderen Menschen aufopferungsvoll geholfen. Vielmehr steckt hinter diesen Bemerkungen ein Problem, das ihn anscheinend sein Leben lang beschäftigt hat: die Frage nämlich, ob es so etwas wie einen

Selbstzweck überhaupt geben könne. So schlicht diese Frage auf den ersten Blick zu sein scheint, so ungewöhnlich war sie in einem Zeitalter, das den Fortschritt und das Gute mit dem Nützlichen identifizierte. Obwohl durch alle Länder Europas Abenteurer zogen, die, wie der Graf von Saint-Germain und Cagliostro, von nichts anderem lebten als von der Ausbeutung der nach dem Verblassen der Religion ziellos gewordenen metaphysischen und irrationalen Bedürfnisse, war es den Aufklärern, insbesondere in Frankreich, völlig entgangen, daß der ausschließliche Glaube an die Vernunft Defizite im menschlichen Gemüt hervorbringen mußte, durch die schließlich Aufklärung und Vernunft selbst wieder in Frage gestellt wurden. Ebenso verhält es sich mit der Gleichsetzung von Nützlichkeit und Vernunft. Es war zuerst Kant, der gewahr wurde, daß die Reduzierung der Dinge auf ihre Funktion nicht ein Vorgang ist, dem irgendwann einmal nach Belieben wieder Einhalt geboten werden kann, sondern daß es sich um einen Prozeß handelt, durch den es schließlich unmöglich wird, einen Selbstzweck – also etwas, was nicht bloß ein Mittel ist – überhaupt nur zu denken. Erst mit der Frage aber, ob auch in einer säkularisierten Welt, in der die Dinge nicht mehr jederzeit auf Gott bezogen und in ihm begründet sind, von einem Selbstzweck überhaupt noch die Rede sein kann, beginnt die Aufklärung sich über sich selbst aufzuklären und die Kosten des Fortschritts zu überdenken. Welche Verwüstungen die Aufklärung bis zum 18. Jahrhundert bereits angerichtet hatte, wie sehr die Kategorie des Sinnes bereits ausgehöhlt war, läßt ein Blick auf den von Johan Huizinga dargestellten »Symbolismus«, den universalen Verweisungszusammenhang in der Wahrnehmung der mittelalterlichen Menschen, erkennen: »Der Symbolismus schuf ein Weltbild von ungleich strengerer Einheit und innigerem Zusammenhang, als das kausalnaturwissenschaftliche Denken es zu geben vermag (...). Denn in jedem symbolischen Zusammenhang muß eines tiefer und eines höher stehen; gleichwertige Dinge können einander nicht als Symbol dienen, sondern sie können einzig gemeinsam auf ein Drittes, Höheres hinweisen. Im symbolischen Denken ist Raum für eine unermeßliche Vielfältigkeit von Beziehungen der Dinge zueinander (...). Kein Ding ist zu niedrig, als daß es nicht das Höchste bedeuten und zu seiner Verherrlichung dienen könnte. Die Walnuß bedeutet Christus: der süße Kern ist die göttliche Natur, die fleischige äußere Schale die menschliche, und die holzige Schale dazwischen ist das Kreuz. Alle Dinge bieten dem Emporsteigen des Gedankens zum Ewigen Stütze und Halt; alle heben einander von Stufe zu Stufe empor.«[47] Mit diesem Beziehungsgeflecht, in dem das Niedrigste mit dem Höchsten kommunizierte, ist es im 18. Jahrhundert vorbei; wo Nützlichkeit die Kategorie des Sinnes abgelöst hat, können die Dinge nur noch auf eine einzige Weise zueinander in Beziehung treten, nämlich in einem endlosen Zirkel des Fressens und Gefressenwerdens. Im zweiten Teil der »Kritik der Urteilskraft«, der »Kritik der teleologischen Urteilskraft«, ist Kant dieser Problematik nachgegangen: »Wenn wir aber die ganze Natur durchgehen, so finden wir in ihr, als Natur, kein Wesen, welches auf den Vorzug, Endzweck der Schöpfung zu sein, Anspruch machen könnte (...).«[48] Bei aller Bewunderung für die Vielfältigkeit und den Formenreichtum des Pflanzen- und Mineralienreichs stelle sich schließlich doch die Frage: »Wozu sind diese Geschöpfe da? Wenn man sich antwortet: für das Tierreich, welches dadurch genährt wird, damit es sich in so mannigfaltige Gattungen über die Erde habe verbreiten können: so kommt die Frage wieder: Wozu sind denn diese Pflanzen-verzehrenden Tiere da? Die Antwort würde etwa sein: für die Raubtiere, die sich nur von dem nähren können, was Leben hat. Endlich ist die Frage: wozu sind diese samt den vorherigen Naturreichen gut? Für den Menschen, zu dem mannigfaltigen Gebrauche, den ihn sein Verstand von allen jenen Geschöpfen machen lehrt; und er ist der letzte Zweck der Schöpfung hier auf Erden, weil er das einzige Wesen auf derselben ist, welches sich einen Begriff von Zwecken machen und aus einem Aggregat von zweckmäßig gebildeten Dingen durch seine Vernunft ein System der Zwecke machen kann.«[49] Kant stimmt also nicht der von Helvétius stellvertretend für die französische Aufklärung formulierten Auffassung zu, es komme vor allem darauf an, einer möglichst großen Zahl von Menschen zu »Glück« in der Bedeutung eines ungeschmälerten Genusses aller durch die Sinne vermittelten Wahrnehmungen zu verhelfen; aus diesem Grunde führt er in diesem Zusammenhang die Begriffe Verstand und Vernunft ein. Mit dem Verstand erreichbar ist allenfalls (entsprechend dem »Glück« bei Helvétius) ein Zustand der »Glückseligkeit«, der, selbst wenn er zu verwirklichen wäre – was Kant bezweifelt, denn der Mensch »ist nicht von der Art, irgendwo im Besitze und Genusse aufzuhören und befriedigt zu sein«, im Gegenteil, er arbeitet »an der Zerstörung seiner eigenen Gattung«[50] –, doch immer nur ein »letzter Naturzweck (nicht Zweck der Freiheit)«[51] bleibe. Solange die Menschen nur nach »Glück« bzw. »Glückseligkeit« streben, solange bleiben sie im System der Naturzwecke befangen und damit selbst ein Stück Natur; dem »Zweck der Freiheit«, ihrer eigentliche Bestimmung, vermögen sie aber nur dann gerecht zu werden, wenn er ihnen gelingt, durch Vernunft aus dem Naturzusammenhang herauszutreten. Aus diesem Grunde untersucht Kant, ob es so etwas wie einen »Selbstzweck«, der nicht bloß ein Mittel für anderes wäre, überhaupt geben kann. Damit ist das bloße Nützlichkeitsdenken der Aufklärung durchbrochen. Die Einwände, die Casanova gegen eine allzu selbstgewisse Aufklärung vorbringt, weisen in eben diese Richtung.

VIII

Wenn für den späten Casanova, der sich in Dux anschickt, seine Erinnerungen zu Papier zu bringen, es darum geht, sich der vergangenen Freuden zu erinnern und der »guten Gesellschaft«, die ihm immer

Zeichen ihrer Wertschätzung gegeben und die er immer gesucht habe, einen »würdigen Gegenstand des Lachens« zu liefern, so steht am Anfang seines autobiographischen Schreibens der heftige Wunsch, seiner Vaterstadt, sich selbst und der Nachwelt zu beweisen, daß er dieser guten Gesellschaft tatsächlich angehört hat. Dieses Motiv prägt die novellistisch zugespitzte Erzählung »Das Duell« und hebt sie ab von den späteren autobiographischen Schriften, die acht Jahre später (1788) mit der Geschichte seiner Flucht aus dem venezianischen Staatsgefängnis zu erscheinen beginnen. Casanova veröffentlichte das »Duell« in der vorletzten Ausgabe der von ihm herausgegebenen, nur siebenmal (Januar bis Juli 1780) erschienenen literarischen Zeitschrift »Opuscoli miscellanei«. Sie geriet alsbald in Vergessenheit; als der Casanova-Forscher Aldo Ravà zu Beginn des 20. Jahrhunderts die Novelle wiederentdeckte, legte er sie beiseite, da sie ihm vollkommen identisch mit den im achten Kapitel des zehnten Buches der Memoiren erzählten Ereignissen zu sein schien; die Neuausgabe, die Joseph Pollio im Jahre 1914 erscheinen ließ, blieb gleichfalls unbeachtet; eine französische Übersetzung, veröffentlicht in den »Pages Casanoviennes« (1925), war geeignet, durch die Angleichung an die Sprache der Memoiren die Eigenart des einzigen autobiographischen Textes, den Casanova in seiner Muttersprache abgefaßt hatte, eher zu verdecken als sie erkennbar werden zu lassen. Noch 1968 bemerkt Paolo Chiara im Vorwort zu seiner Ausgabe der »Saggi, libelli e satire«, »Il duello« sei in Italien noch »so gut wie ungedruckt«[51a]. Als Einzelausgabe erschien das Werk erst 1979 (herausgegeben von Elio Bartolini), wieder abgedruckt wurde es in der 1984 erschienenen Ausgabe der »Romanzi italiani« Casanovas (herausgegeben von Paolo Archi, mit einem Vorwort von Luca Toschi). Der Tatsache, daß die in der Novelle berichteten Fakten weitgehend mit dem entsprechenden Kapitel der Memoiren übereinstimmen, ist es wohl zuzuschreiben, daß »Il duello« auch in der neueren Casanova-Forschung so gut wie keine Rolle spielt. In Deutschland war die Novelle bisher unbekannt, eine Übersetzung existierte nicht.

Selbst wenn über Casanovas autobiographischen »Versuch« Genaueres nicht bekannt wäre, ließen sich Ort und Zeit seiner Entstehung ohne weiteres bestimmen: der unterwürfige Tonfall, der hier angeschlagen wird, ist der gleiche wie in den Berichten für die Staatsinquisitoren, die ebenfalls in diesen Jahren entstehen. Im letzten Satz der Novelle läßt Casanova noch einmal anklingen, in welcherlei Hinsicht es ihm besonders angezeigt erscheint, Wohlverhalten an den Tag zu legen: die gesellschaftlichen Konventionen gelte es zu achten, sowie der staatlichen und kirchlichen Obrigkeit zu gehorchen. Seine moralische Unbedenklichkeit dokumentiert er, indem er aus dem Text jede Andeutung fernhält, die auch nur von fern an seine galanten Abenteuer erinnern könnten. Abgesehen von den drei Tänzerinnen Catai, Casacci und Binetti, die aber nicht eigentlich als Personen, sondern nur als eine Art von Schachfiguren in einem umfassenden Ränkespiel erscheinen, treten in seinem »Versuch« über das eigene Leben keine Frauen auf; die traurige Königin von Frankreich und Gattin Ludwigs XV., Maria Leszczyńska, erscheint nicht in der Erzählgegenwart, sondern wird von Casanova zur Erläuterung des höfischen Zeremoniells über anderthalb Jahrzehnte aus Fontainebleau herbeizitiert. Weder erwähnt er die französische Schauspielerin Valville, die, kein Kind von Traurigkeit, ihn in seinem »Schlasfvagen«, einer Art Bett auf Rädern, von Moskau bis in die Gegend von Riga begleitet hatte, wo man fröhlich Abschied feierte (»Wir hatten einander nur deshalb geliebt, weil wir kein Aufhebens um die Liebe gemacht hatten«[52]), noch die scheinheilige Maton, mit der er aus Warschau abreist, und die, ihres tugendhaften Gebarens ungeachtet, nichts Eiligeres zu tun hat, als ihm den Tripper anzuhängen und ihn in Dresden mit den Offizieren einer ganzen Garnison zu betrügen; auch nicht erwähnt werden, während seiner Rundreise durch die polnische Provinz nach dem Duell, die Bauernmädchen, deren Jungfernschaft ihm von ihren Vätern zum Kauf angeboten wird. Das Fehlen des weiblichen Elements in der Novelle wirkt indessen nicht gekünstelt, als hätte der Autor sich Mühe geben müssen, etwas zu verschweigen; der Grund hierfür dürfte sein, daß Casanova kaum jemals zuvor so freudlos gelebt und geliebt zu haben scheint wie während seines Aufenthalts in Rußland und Polen. Anders ist es mit der Staats- und Kirchenfrömmigkeit bestellt, die er in der Novelle an den Tag zu legen bemüht ist. Was er dem Leser in dieser Hinsicht zumutet, ist zum Teil dermaßen dick aufgetragen, daß sich der Eindruck aufdrängt, er tauge so wenig zum Heuchler, daß er selbst sich bemühe, seine Worte unglaubhaft erscheinen zu lassen. Wenn dem Venezianer zum Beispiel bei der Erörterung einer moralischen Frage zunächst Platon und danach erst, mit erheblicher Verspätung, die christliche Lehre einfällt, so ist das Vergnügen des Erzählers an dieser Reihenfolge so offensichtlich, daß sein Bedauern wie blanker Hohn wirkt; ähnlich verhält es sich mit der Beteuerung, der Venezianer hätte die Beleidigung des Podstoli hingenommen, wäre sie nicht mit einem Hinweis auf seine Herkunft *(poltron vénitien)* verbunden gewesen; tatsächlich wird in den Memoiren jeder Hinweis darauf fehlen, daß der »patriotische« Aspekt bei dieser Sache irgendeine Rolle gespielt haben könnte. Aber selbst wenn Casanova diese sich selbst dementierende Wirkung seiner Worte nicht bewußt kalkuliert hätte, so bliebe doch nicht verborgen, daß die Kreide, die er verschlungen hat, aus der Schule stammt, aus der er nicht plaudern will. Bei allem diplomatischen Geschick, mit dem er in der Einleitung auf seine ein Vierteljahrhundert zurückliegende Gefangensetzung durch die venezianischen Behörden anspielt, dergestalt, daß deren Willkür nun als eine Erziehungsmaßnahme erscheint, deren Sinn dem jungen Heißsporn seinerzeit verborgen geblieben war, kann er doch nicht verhindern, daß seine wahre, nach wie vor gültige Meinung erkennbar wird: er sei damals geflohen, schreibt Casanova, weil ein Leben ohne Freiheit für ihn sinnlos gewesen wäre, möglicherweise aber habe er auch ganz unreflektiert, instinktiv gehandelt, »wie ein niedriges Lebewesen, das auf die einfache Stimme der Natur hört«. Wenn aber schon für einfachste Lebewesen »Natur« und »Freiheit« dasselbe bedeuten, dann ist natürlich erst recht für den Menschen das Streben nach Freiheit eine Selbstverständlichkeit, die in seinem Wesen selbst angelegt ist. Wie die Aufklärung insgesamt, so beruft auch Casanova sich hier auf das Naturrecht, hinter dessen Normen alles positive, gesetzte Recht und alle Willkür zurückzutreten hat.[53]

Durch diesen faux pas aber dementiert Casanova natürlich genau das, was durch die Veröffentlichung der autobiographischen Erzählung zu beweisen er sich vorgenommen hatte: daß er in den Jahren des Exils ein anderer geworden sei. Von dem einer Epistel des Horaz entnommenen Motto an – »Beherrsche deine Affekte, die, wenn sie nicht gehorchen, dir befehlen; zügele sie also oder lege sie in Ketten, wenn es sein muß« – bis zum Schluß ist die Erzählung geprägt von dem immer aufs neue betonten Gegensatz zwischen »Damals« und »Heute«: Damals war der junge Venezianer ungeduldig und hochfahrend *(un intollerante)*, heute ist sein Gemüt durch nichts zu erschüttern, er lebt in Frieden mit Gott, der Welt und seinen früheren Feinden. Dieser Gegensatz ist es, der Casanova veranlaßt, von sich selbst in der dritten Person zu sprechen, die Erzählung als einen »Versuch *(saggio)* über das Leben des Venezianers G. C.« zu bezeichnen, anders als die Memoiren, deren Titel »Geschichte meines Lebens« ist. Aus demselben Grunde auch wird im »Duell« der Erzählfluß ständig durch reflektierende Exkurse unterbrochen, und zwar insbesondere an den Stellen, an denen eine Handlung aus dem Affekt heraus naheläge, etwa nach der Beleidigung durch den Podstoli. Bevor die Herausforderung in der Novelle ergeht, werden ausgedehnte Reflexionen angestellt über den Rat des Woiwoden, der Beleidigte solle »viel oder nichts« unternehmen, ein Exkurs, in dem eine ganze Theorie des Duells enthalten ist. Dagegen heißt es in den Memoiren: »Um fünf Uhr früh denke ich in meinem Sessel über den Entschluß nach, den ich zu ergreifen habe. *Viel oder nichts.* Das Nichts verwerfe ich sofort. Die Wahl ist also innerhalb des Viel zu treffen.«[54] Dieses Verfahren wird in der Novelle so lange wiederholt – es kommt hinzu die abschätzige Äußerung gegen die Zuerkennung mildernder Umstände nach einer Affekthandlung –, bis unmißverständlich deutlich ist, daß vonseiten des Venezianers nichts mehr zu erwarten ist, was nicht durch die Reflexion hindurchgegangen wäre; Überraschungen, zornige Aufwallungen, Trotzreaktionen – dies alles, so bekräftigt die Erzähltechnik, wird es nicht mehr geben. Erst wenn dies unmißverständlich klargestellt ist, darf die Spannung zwischen Damals und Heute schwinden, Erzählzeit und erzählte Zeit fallen zusammen in der Bitte, den früheren Peinigern »nützlich« sein zu dürfen. Casanovas erste autobiographische Schrift ist ein Bewerbungsschreiben für den Staatsdienst.

Aber natürlich nicht nur das. Ist die Novelle einerseits darauf angelegt, den Leser bzw. die Obrigkeit zu überzeugen, daß der Venezianer nicht mehr danach strebe, die ihm durch seine Herkunft gezogenen Grenzen zu überschreiten, so gilt auf der anderen Seite auch das genaue Gegenteil. Enttäuscht von der Vaterstadt, in die er nach so vielen Jahren des Werbens endlich hatte zurückkehren dürfen, gescheitert als freier Schriftsteller, erniedrigt durch die Spitzeldienste, die er, um sein Leben zu fristen, ausüben muß, schreibt Casanova die Duellgeschichte nieder, um sich und den anderen zu beweisen, daß er doch einmal »dazugehört« hatte. In den Memoiren wird berichtet, er habe in Rußland einmal eine ehemalige Geliebte, nach sieben Jahren, während eines Maskenballs wiedererkannt, und zwar nicht etwa an ihrer Stimme, sondern an der Art und Weise, wie sie »die gleichen Wendungen, dieselben Einwürfe gebrauchte, die ich in Paris überall dort zum guten Ton hatte werden lassen, wo ich häufiger verkehrte. *Oh! la bonne chose! Le cher homme!* Mehrere dieser Wendungen, die von mir stammten, ließen mich neugierig werden.«[55] In diesem Gegensatz zwischen dem eleganten Weltmann, der in Paris einst den Ton angegeben hatte, und dem Spion, der einen seiner ersten Berichte in eigener Sache verfassen muß, weil man ihn im Theater um das Wechselgeld auf eine Zechine geprellt hat, wird das ganze Ausmaß des Abstiegs deutlich, den Casanova inzwischen durchgemacht hat. In einem solchen Augenblick muß er eines Tages den Entschluß gefaßt haben, die Geschichte seines Duells in Polen, das er als einen der Höhepunkte seines Lebens ansah, zu erzählen.

IX

Nicht erst im Jahre 1779 ist diese Geschichte geeignet, in trüben Stimmungen für etwas Aufmunterung zu sorgen, schon vierzehn Jahre zuvor dürfte sie Casanova hochwillkommen gewesen sein als Unterbrechung einer Abwärtsbewegung, deren Beginn nicht ganz eindeutig zu bestimmen ist. Casanova selbst sieht den Aufenthalt in England (1764) als Wendepunkt in seinem Leben an, allerdings hatten sich hier wohl nur die Auswirkungen einer Entwicklung gezeigt, die schon früher eingesetzt hatte. Tatsächlich sind Beginn und auch die Ursache des Scheiterns schon in den wenigen Worten enthalten, mit denen, in der Einleitung der Duell-Novelle, der Aufenthalt in Frankreich und Holland bedacht wird: »Er verdiente viel Geld, das er wieder ausgab.« Mit diesen Worten spielt Casanova auf seinen ersten Bankrott an, der im Jahre 1759 in Paris stattgefunden hatte. Durch geschickte Transaktionen für einige Pariser Finanziers und die Zuwendungen der Mme d'Urfé war er zu solchen Reichtümern gekommen, daß er, obwohl er sich alle Mühe gab, mit dem Geldausgeben nicht mehr nachkam und beschließen mußte, sein Kapital gewinnbringend zu investieren. Er gründet eine Manufaktur für bemalte Seidenstoffe, die um ein Drittel billiger als die teuren Importe aus China verkauft werden sollen. Obwohl die teuersten der zwanzig Mädchen – alle zwischen achtzehn und fünfundzwanzig Jahre alt – ihn nur vierundzwanzig Sous täglich kosten, bringt Casanova es fertig, im Alleingang, ganz ohne Gewerkschaften, sein Unternehmen durch eine Explosion der Lohnkosten zu ruinieren: »Ich wurde neugierig auf alle meine Arbeiterinnen (...), und da ich nicht die Geduld hatte, sie mir günstig zu verschaffen, fiel es ihnen zu, für meine Neugierde mich teuer bezahlen zu lassen. Das Beispiel der ersten genügte allen anderen, eine fertig eingerichtete Wohnung zu verlangen, sobald sie bemerkten, daß sie Wünsche in mir hervorriefen. Meine Verliebtheit dauerte oft nur drei Tage, und die jeweils letzte schien meiner Liebe immer würdiger zu sein als ihre Vorgängerin. Diese sah ich nicht mehr, aber ich fuhr fort, sie auszuhalten.«[56] Die oberste Maxime kapitalistischen Wirtschaftens, daß der Unternehmer sein Geld nicht zu konsumieren, sondern in den Betrieb zu stecken habe, muß Casanova irgendwie mißverstanden haben. Jedenfalls scheinen die Umstände dieser Pleite so unverwechselbar zu sein, daß zunächst gar nicht auffällt, wie typisch dieses Verhalten für ihn ist, und zwar nicht nur in seiner Eigenschaft als unersättlicher Liebhaber, sondern vor allem auch als ein Mann, der zwischen den Ständen und Epochen steht. Auf der einen Seite nämlich ist Casanova mit seinem Entschluß, eine Manufaktur zur Herstellung von Waren zu begründen, um deren Absatzchancen es nicht schlecht steht, durchaus auf der Höhe der Zeit; wie die Fabrik ist ihre Vorläuferin, die Manufaktur, bereits auf gesteigerte Produktion durch Zusammenfassung der Arbeitskräfte unter einem Dach angelegt, bei noch unentwickelter Teilung und Rationalisierung des Arbeitsprozesses, so daß die Manufaktur einer Ansammlung von selbständig wirkenden Handwerkern gleicht. Andererseits aber verhält sich Casanova nicht wie ein neuzeitlicher Unternehmer, eher wie ein absolutistischer Herrscher, der Wert darauf legt, daß sein Hofstaat nach Möglichkeit in seinem Hause, dessen Inbegriff das Schloß von Versailles geworden ist, wohnt. Ludwig XIV. ließ, »sagt St.-Simon einmal (...), in Versailles eine unendliche Zahl von Wohnungen herrichten, und man schmeichelte ihm, wenn man ihn um eine solche bat.«[57] Mit einem solchen Schloß verwechselt Casanova seine Manufaktur, wie er überhaupt eher dem *ancien régime* als der bürgerlichen Gesellschaft zugehörig ist.

Das gilt zunächst und vor allem für seine Einstellung zum Geld. Während Benjamin Franklin schon eindringlich davor warnt, den Konsum über das Notwendigste auszudehnen – »Hüte dich, daß du alles, was du besitzest, für dein Eigentum hältst und demgemäß lebst«[58] –, ist für die höfische Gesellschaft das Geld nur insofern interessant, als man es ausgeben kann oder vielmehr ausgeben muß, um den eigenen Rang überzeugend zu demonstrieren. Von dem Herzog von Richelieu ist die Anekdote überliefert[59], er habe seinem Sohn einmal einen Beutel mit Geld gegeben, damit er lerne, es wie ein Grandseigneur auszugeben; als der Sohn das Geld wieder zurückgebracht habe, sei der Beutel von dem erzürnten Vater zum Fenster hinaus geworfen worden, damit seinem mißratenen Stammhalter endlich klar werde, wie man mit Geld umzugehen habe. »Der Kaufmann muß zur Aufrechterhaltung seiner sozialen Existenz seine Ausgaben nach seinen Einnahmen richten. Der Grandseigneur des ancien régime muß zur Aufrechterhaltung seiner sozialen Existenz seine Ausgaben nach den Erfordernissen seines Ranges richten.«[60] Vermögen, das durch Arbeit erworben wurde, gilt als Ausdruck mangelnder Vornehmheit, Sparsamkeit ist die Tugend der kleinen Leute, die Teilnahme an kommerziellen Unternehmungen ist standeswidrig und wird mit dem Verlust des Adelstitels bestraft. Das ist der Grund, weshalb die großen Familien mit einer Regelmäßigkeit zugrundegehen, die bereits den Zeitgenossen auffällt.

Die Entmachtung des Adels durch das absolutistische Königtum, die von Ludwig XIV., der die Aristokraten von sämtlichen Führungspositionen strikt ausschloß, zu Ende geführt worden war, hatte zur Folge, daß Ruhm und Ehre nur noch innerhalb der höfischen, durch die Etikette geregelten Hierarchie erworben werden können. In dieser Hinsicht reagiert Casanova ganz bürgerlich, wenn er beinahe die Fassung darüber verliert, daß selbst die größten Verdienste nichts sind im Vergleich mit dem Hinweis auf ein Hühnerfrikassee, sofern dieser nur vonseiten der Königin an einen Höfling erfolgt. In welchem Ausmaß die von der höfischen Gesellschaft wahrgenommene Welt auf die Etikette reduziert ist, läßt sich an der Bedeutung des »Taburetts der Herzoginnen« ablesen. »Nur die Herzoginnen hatten das Recht, in der Gegenwart des Herrscherpaares zu sitzen, auf einem Taburett, d. h. einem Sessel ohne Rücken- und Armlehne. Wenn ein Herzog geheiratet hatte und seine Frau wurde bei Hof vorgestellt, so forderte sie der König auf: ›Madame, wenn es Ihnen beliebt, sich zu setzen.‹ Darauf blieb sie stehen, bis der König nach einer kleinen Pause wiederholte: ›Madame, ich habe Sie schon gebeten, sich zu setzen.‹ Dann brachten zwei Lakaien das Sitzmöbel, die Dame nahm Platz und hatte damit die höchste Stufe des Glückes, der Ehre, der Auszeichnung erreicht, die ihr in diesem irdischen Jammertal zu erklimmen beschieden war. (...) Viele unpassende Ehen sind aus keinem anderen Grunde zustande gekommen, als weil der Bräutigam seiner Braut dieses Angebinde mitbrachte, oft genug das einzige, was er wirklich Verführerisches besaß. Mme Bouchu, eine sehr reiche Witwe, heiratete 1731 den Herzog von Châtillon, einen jämmerlichen Krüppel, den sie sich für 100000 Taler erstanden hatte. Weil sie es gar nicht abwarten konnte, ihr Taburett bei Hofe einzunehmen, ließ sie sich mitten im Winter dem König vorstellen und zog sich dabei eine Erkältung zu, an der sie starb, ehe sie ihr Recht nur hatte zum zweiten Male ausüben können. Sieben Jahre war die Marquise von Pompadour bereits Maitresse des Königs, ehe ihr 1752 mit den Ehrenrechten einer Herzogin die Auszeichnung des Taburetts zuteil wurde. (...) Es war der kühnste Traum, den ein weibliches Herz vor der Revolution träumen durfte.«[61] Angesichts der unauflöslichen Verbindung, die diese drei Faktoren: ausschließliche Bedeutung von Etikette und Hierarchie, Verpflichtung zu repräsentativem Konsum und Verachtung von Gelderwerb durch Arbeit, miteinander eingegangen waren, ist der Ruin gerade der großen Adelsfamilien unausweichlich. Was aber für die einzelnen Familien gilt, betrifft natürlich auch den Staat, der aufgrund der gleichen Prinzipien wirtschaftet; daß in Frankreich gerade die fähigsten Minister wie Turgot und Necker, die in letzter Stunde den Staatshaushalt zu sanieren versuchen, nach kurzer Zeit gestürzt werden, ist nicht das Werk des Zufalls oder höfischer Intrigen, sondern in einem System begründet, das nur noch untergehen, aber nicht mehr verändert werden kann.

In den Sog dieses Niederganges gerät alles, was mit ihm in Verbindung gekommen ist. Das gilt auch für Casanova. Während seines zweiten Aufenthalts in Paris, 1757, wundert er sich noch, daß er für den gewissenhaft ausgeführten Geheimauftrag, in Dünkirchen die Ausrüstung der dort vor Anker liegenden Kriegsschiffe auszukundschaften, fürstlich belohnt wird, obwohl der Minister dieselben Auskünfte gratis hätte haben können, wenn er einen dort stationierten Offizier beauftragt hätte. Solche Überlegungen werden ihm fremd, nachdem er im folgenden Jahr Madame d'Urfé, deren Großzügigkeit keine Grenzen kennt, kennengelernt hat; sie ermöglicht es ihm, das Leben eines großen Herrn, der keinen Gedanken auf mögliche Einnahmequellen zu verschwenden hat, zu führen. Als sie ihm fünf Jahre später, 1763, ihre Gunst wieder entzieht, ist ihm der seigneuriale Lebensstil so sehr in Fleisch und Blut übergegangen, daß es zum Umdenken zu spät ist. Das dürfte der eigentliche Grund sein für die Krise, in die er im folgenden Jahr in England gerät. Casanova muß zu jener Zeit gespürt haben, daß seiner Lebensweise die Basis entzogen ist. Die Reisen, die er von nun an unternimmt, haben einen anderen Charakter: Casanova ist, was er zunächst nicht eingesteht, auf der Suche nach einer Stelle und damit nach regelmäßigen Einkünften. Noch vor seiner Dünkirchener Mission hatten beide Seiten es vermieden, zwischen zu erbringender Leistung und finanzieller Vergütung eine direkte Verbindung herzustellen. »Ich will kein Geld«, sagt Casanova zu dem Abbé de Laville, Staatssekretär im Außenministerium; »nach meiner Rückkehr werden Sie mir geben, was Ihnen angemessen erscheinen wird.«[62] Auf diese Weise wird – zumindest in der guten Gesellschaft – das Verhältnis von Preis und Leistung geregelt, solange die Wirtschaftsordnung noch nicht im Äquivalententausch, bei dem beide Seiten einander gleichsam wegkürzen, aufgeht, so daß nichts außer dem abstrakten Tauschvorgang zurückbleibt; man bleibt einander nichts schuldig, es bedarf allerdings auch nicht des Ausdrucks der Anerkennung oder der Dankbarkeit. Die wirtschaftenden Subjekte werden füreinander abstrakt, anders als in der vorbürgerlichen Ordnung, wo die eine Seite, Casanova, vorgibt, eine Sache als Selbstzweck betreiben zu wollen, während die andere Seite die Gelegenheit wahrnimmt, überreichlich – »fürstlich« – zu belohnen; Bezahlung und Gnadenakt sind noch nicht vollständig voneinander getrennt. Aber obwohl nach dem Zerwürfnis mit Mme d'Urfé Casanova sich seine bisherige Lebensführung nicht mehr leisten kann, gelingt es ihm doch nicht mehr, sich umzustellen. Als ihm der preußische König eine Stellung als Erzieher in einer Kadettenanstalt anbietet – also eine sozusagen »bürgerliche« Position, mit fest umrissenen Pflichten und festem Gehalt –, ist Casanova peinlich berührt und reist beleidigt ab. Ein weiteres Angebot dieser Art erhält er nicht; die Reorganisation der Bergwerke, die er während seiner Reise nach Rußland für den Herzog von Kurland, Ernst Johann von Biron, ins Werk setzt, ist zwar ganz nach seinem Geschmack, aber ihrem Zustandekommen wie der Art der Bezahlung nach (»großzügig belohnt« heißt es in der Einleitung zum »Duell«), ist diese Tätigkeit eher von der Art des Dünkirchener Unternehmens. In Rußland weiß Zarin Katharina II. Casanova zwar als Gesprächspartner zu schätzen, aber von einer Anstellung ist nicht die Rede. Erst in Polen scheint sich eine Wende zum Besseren anzubahnen: Casanova hofft, daß der König ihn als seinen Sekretär anstellen werde, und er erhält Gelegenheit, durch das Duell mit dem Grafen Branicki endlich wieder einmal seine Zugehörigkeit zur besten Gesellschaft unter Beweis zu stellen.

X

Liest man, wie Casanova im Jahre 1780 die Geschichte des Duells erzählt, zu dem er vierzehn Jahre zuvor, am 5. März 1766, den Grafen Branicki herausgefordert hatte, so drängt sich nicht unbedingt der Eindruck auf, er habe sich mit der polnischen Geschichte oder mit der aktuellen politischen Lage in Polen eingehender befaßt. Zwar wird im Verlauf der Novelle verschiedentlich angedeutet, daß es in Warschau offenbar zwei einander feindliche Parteien gibt, eine polnisch-nationale und eine prorussische, ein klares Bild von den politischen Verhältnissen jedoch vermag sich der Leser aus diesen Bemerkungen nicht zu verschaffen. Diese Vernachlässigung des politischen Hintergrundes ist von dem Verfasser offenbar beabsichtigt.

Aus den Memoiren allerdings geht hervor, daß sich zu Beginn des Aufenthalts in Warschau ein kleiner Zwischenfall ereignet hatte, in dem die politischen Spannungen, die am polnischen Hof herrschen, bereits einmal kurz durchgebrochen waren. Es ist bezeichnenderweise eine Verletzung der Etikette, die Casanova auffällt. Da er die aristokratische Lebensform für die einzige ihm gemäße hält, richtet er sich nach ihren Spielregeln; den Wutanfall, in den der junge Alfieri ausbricht, als er im Park von Schönbrunn den alten Hofdichter Metastasio mit der Grazie des erfahrenen Höflings vor der Kaiserin das Knie beugen sieht[63], hätte Casanova nicht verstanden. Daß man der Majestät die gehörige Ehrerbietung zu erweisen hat, empfindet er nicht etwa als erniedrigend, sondern als Selbstverständlichkeit, ohne die es keine Sicherheit des Verhaltens bei Hofe gäbe.

In dieser Hinsicht ist der Bericht charakteristisch, den er in der »Histoire de ma vie« von seiner ersten Begegnung mit dem polnischen König gibt. Da er, als er Ende Oktober 1765 in Warschau eintrifft, ein Empfehlungsschreiben an den mächtigen Fürsten Adam Czartoryski vorzuweisen hat, wird er durch diesen auch bei Hofe eingeführt. Casanova beschreibt zunächst die Gesellschaft, die sich in Erwartung des Königs eingefunden hat, und fährt dann fort: »Eine Viertelstunde später sehe ich einen schönen Herrn hereinkommen, woraufhin sich alle von ihren Plätzen erheben. Fürst Adam nennt meinen Namen, und gleich darauf sagt er zu mir in sehr kühlem Ton: *Das ist der König.*«[64] Da zu diesem Zeitpunkt Casanova von dem politischen Hintergrund dieses Verhaltens noch nichts weiß – Adam Czartoryski ist Repräsentant der nationalpolnischen, aber auf Ausgleich mit Rußland bedachten Opposition –, bringt ihn der eher saloppe, jedenfalls ganz und gar unhöfische Tonfall des Fürsten völlig aus der Fassung, so sehr, daß er einen Augenblick lang glaubt, es gar nicht mit dem wirklichen König zu tun zu haben. »Einem Monarchen auf diese Weise einen Fremden vorzustellen, ist ganz gewiß weder dazu angetan, diesen zu entmutigen, noch die Majestät in ihrem Glanz erscheinen zu lassen, vielmehr kommt ein solches Verhalten sehr unerwartet, und die übertriebene Einfachheit bringt einen aus dem Konzept *(le trop de simplicité démonte).* Nachdem ich augenblicklich die Idee verworfen hatte, hier handele es sich um eine Attrappe, trat ich zwei Schritte vor, und als ich das Knie beugte, reichte S. M. mir die Hand, die zu küssen er mir auf das huldvollste gestattete.«[65] Mit diesem vollendet höfischen Betragen des Königs ist die für einen Augenblick verletzte Ordnung wiederhergestellt, und Casanova kann sich wieder mit völliger Sicherheit in einer Welt bewegen, mit deren Zeichensystem er auf das innigste vertraut ist.

So sehr, daß gerade die geringfügigen Abweichungen, mit denen er in den Memoiren bzw. in der Novelle von der ersten Begegnung mit dem König nach der Genesung von seiner Verletzung berichtet, bedeutungsvoll werden. Der Venezianer, heißt es in der Novelle, »küßte die königliche Rechte, wobei er ein Knie zur Erde beugte; der König hob ihn auf und fragte ihn zugleich, was der Rheumatismus mache, der ihn dazu zwinge, den Arm in der Schlinge zu tragen; und ohne ihm Zeit zur Antwort zu geben: ›Ich rate Ihnen, in Zukunft alle Situationen zu meiden, in denen man sich derlei Krankheiten zuziehen kann, denn sie sind tödlich.‹ Die Antwort des Venezianers war eine schweigende Verbeugung.« In den mehr als ein Jahrzehnt nach der Novelle entstandenen Memoiren erzählt Casanova dieselbe Situation leicht verändert; der König, heißt es hier, reichte ihm die Hand und ließ ihn das Knie bis auf den Boden beugen *(me laissa mettre le genou sur le parquet)*; »er fragte mich (das war so verabredet), warum ich einen Arm in der Schlinge trüge, und ich gab ihm zur Antwort, das geschehe wegen eines Rheumatismus; er antwortete, ich solle mich hüten, weitere Anfälle zu bekommen *(il me répondit de me garder d'en attrapper d'autres).*« Was den Kniefall betrifft, so stimmt der Sachverhalt als solcher in beiden Fassungen überein; während jedoch in der Novelle die Demutsgeste stark hinter die unmittelbar folgende Gnadengebärde des Königs zurücktritt (der Venezianer *baciò la real destra ponendo un ginocchio a terra; il re sollevandolo gli domandò...*), wird in den Memoiren der Akzent entschieden zugunsten des Kniefalls verschoben *(le Roi en me donnant la main à baiser, me laissa mettre le genou sur le parquet; il me demanda...)*; die Gnadengebärde des Königs wird überhaupt nicht erwähnt, sie darf jedoch vorausgesetzt werden, da sie Teil des höfischen Zeremoniells ist und da der König bereits dadurch ein Zeichen seiner Gnade gegeben hat, daß er Casanova die Hand zum Kuß überließ. In diesen verschiedenartigen Akzentuierungen eines identischen Sachverhalts ist alles das enthalten, was nach außen kaum in Erscheinung tritt, jedoch seine entscheidende Bedeutung für denjenigen offenbart, der die Zeichen höfischen Umgangs zu lesen versteht. In der autobiographischen Novelle kommt eine mögliche Verstimmung des Königs überhaupt nicht zum Ausdruck, der Venezianer ist hier der königlichen Gnade noch völlig uneingeschränkt teilhaftig; in der Fassung der Memoiren dagegen wird deutlich, daß der König Casanova zumindest symbolisch Buße für das verbotene Duell tun läßt, indem er ihn mit dem Knie den Boden berühren läßt.

Anders verhält es sich mit der Frage des Königs nach Casanovas »Rheumatismus«; hier weichen beide Fassungen auch inhaltlich voneinander ab, so daß die Frage zu entscheiden ist, ob die Novelle oder die Autobiographie wiedergibt, »wie es eigentlich gewesen ist«. Diese Frage ist ohne Zögern zugunsten der Novelle zu beantworten, und zwar nicht allein aus dem Grunde, daß eine vorherige Abstimmung *(c'était concerté)* zwischen dem König und Casanova äußerst unwahrscheinlich ist – wie hätte eine solche Verständigung zustandekommen sollen? – sondern vor allem auch deshalb, weil nur in der Novelle der König vollendet höfisches Verhalten zeigt. Da der König natürlich weiß, warum Casanova den Arm in der Schlinge trägt, würde eine Frage von seiner Seite die Aufforderung enthalten, ihn, den König, anzulügen, wobei zu allem Überfluß er sich auch noch den Anschein geben müßte, dieser Lüge Glauben zu schenken; er stünde vor der Hofgesellschaft da als jemand, den man ohne weiteres düpieren kann. Daß der Vorfall sich so jedenfalls nicht zugetragen haben kann, schon gar nicht mit dem polnischen König, der von Casanova stets wegen seines vorbildlich höfischen Betragens gerühmt wird, stünde auch dann fest, wenn es die Version der Novelle nicht gäbe. Hier ist es der König, der zuerst das Wort »Rheumatismus« ausspricht, und er erteilt seinen »Rat«, ohne Casanova zuvor die Möglichkeit zur Antwort (und damit zur Richtigstellung der königlichen Diagnose) gegeben zu haben. Ist dieser Rat aber erst einmal ausgesprochen, so ist eine schweigende Verbeugung tatsächlich die einzig mögliche korrekte Erwiderung; denn Casanova hätte allenfalls einen augenscheinlichen Irrtum des Königs berichtigen können, nach einem ihm erteilten »Rat« hingegen gibt es die Möglichkeit des Widerspruchs nicht mehr. So könnte sich der Vorfall in der Tat zugetragen haben; natürlich ist auch nach der in der Novelle vorgetragenen Fassung allen Beteiligten klar, daß der König nicht im Ernst an einen »Rheumatismus« glaubt, aber anders als in den Memoiren zeigt sich seine Überlegenheit darin, daß er allen Beteiligten die Möglichkeit bietet, sich untadelig zu verhalten. Erstaunlich bleibt, daß in der Autobiographie Casanova den König geradezu stümperhaft agieren läßt. Das mag seinen Grund in der unterschiedlichen Entstehungszeit der beiden Manuskripte haben. In der Novelle läßt Casanova zwar durchblicken, daß er dem König gram ist, weil dieser den gegen ihn gerichteten Verleumdungen Glauben geschenkt hat; aber immerhin handelt es sich um einen noch regierenden Herrscher, den herabzusetzen sich schon deshalb nicht empfohlen hätte, weil Casanova mit seinem autobiographischen »Versuch« vom Glanz des polnischen Königs in Venedig profitieren will. Als er dagegen das betreffende Kapitel der Memoiren zum letztenmal überarbeitet, gibt es, nach der dritten Teilung (1795), kein Königreich Polen mehr. Daß Stanislaus August II. seinen eigenen Staat überlebt hatte – er starb erst 1798, drei Jahre nach seiner Abdankung –, wird von Casanova zurückhaltend, aber unmißverständlich mißbilligt. Es mag daher sein, daß er in den Memoiren schließlich keine Lust mehr hatte, sich Mühe mit einem König zu geben, mit dem es ein so unrühmliches Ende genommen hatte.

XI

Während in den Memoiren die erste Begegnung Casanovas mit dem König zunächst im Zeichen der provozierenden Formlosigkeit des Fürsten Adam Czartoryski steht, fehlt dieses Detail in der Duell-Novelle, so daß der Leser die Spannungen, die zwischen dem König und seiner Umgebung bestehen, überhaupt nicht wahrnehmen kann. Zwar »vergißt« auch in den Memoiren Casanova diesen Vorfall gleich wieder, weil er überglücklich ist über die Ehre, die der König ihm erweist, indem er nur an ihn das Wort richtet, für den aufmerksamen Leser jedoch, der nicht, wie Casanova, in seiner Selbstliebe unendlich geschmeichelt ist, bleibt der Zweifel zurück, ob die Gunst eines Königs, der einen solchen Affront offensichtlich widerspruchslos hat hinnehmen müssen, sehr viel wert sein kann. Solche Zweifel gar nicht erst aufkommen zu lassen, ist aber ganz offensichtlich der Grund, weshalb in der Fassung von 1780 Casanova so »unpolitisch« wie nur möglich erzählt; in der Situation, in der er sich zu jener Zeit in Venedig befindet, will er demonstrieren, welche Achtung die beste Gesellschaft ihm außerhalb seiner Vaterstadt entgegengebracht hatte; kämen politische Aspekte hinzu, so läge die Frage nahe, ob die Gunst des von einer feindlichen Umgebung bedrängtem Königs nicht vielleicht taktisch begründet war, oder ob Branicki Casanovas Herausforderung möglicherweise nur deshalb angenommen hat, weil er den König in seine Schranken weisen wollte. Casanova dagegen legt vor allem Wert darauf, daß Branicki sich mit ihm schlägt, weil er ihn als ebenbürtig ansieht. Aus demselben Grunde auch finden sich in den zahlreichen Exkursen anthropologische und psychologische, aber eben keine politischen Reflexionen.

Dennoch gelingt es Casanova auch im »Duell« nicht ganz, von der politischen Situation abzusehen, und zwar in einem ganz wörtlichen Sinne. In Warschau, bemerkt er im Anschluß an jenes erste Souper, habe es damals viele glänzende Feste gegeben, bei Hofe, in den prächtigen Häusern der Magnaten, vor allem aber in denen der *Familie* (wie die Czartoryskis allgemein genannt wurden), wo, den Hof weit hinter sich lassend, die »wahre Prachtentfaltung« *(la vera magnificenza)* anzutreffen war. Casanova kann es zwar vermeiden, über Politik zu *sprechen*, seinem *Blick* jedoch vermag er nicht in gleicher Weise zu gebieten. Für den höfischen Menschen aber ist mit der Feststellung, die Prachtentfaltung der *Familie* habe die des Hofes übertroffen, bereits alles gesagt: mit diesem König, mit diesem Staat, in dem so etwas möglich ist, kann es nicht gut stehen. Daß der Aufwand, den der König treibt, von einem seiner Höflinge übertroffen wird, muß von Casanova als alarmierend empfunden worden sein. Im absolutistischen Staat wäre ein König, der sich in seinem repräsentativen Aufwand übertrumpfen ließe, unvorstellbar;

er hörte sofort auf, das Zentrum der Macht zu sein. Der absolutistische König ist nicht ein Herrscher, der außerdem noch repräsentiert, sondern er ist nur König, weil und insofern er repräsentiert und hierbei sich von niemandem übertreffen läßt.

In dieser Perspektive erscheint der polnische Staat als ein höchst unvollkommenes Gebilde, als eine Form der Vergesellschaftung, die auf halbem Wege stehengeblieben und daher dem Untergang geweiht ist. Dieser Gedanke eines allmählichen, jedoch unaufhaltsamen Abstiegs aber ist es, der Casanova seit Mitte der sechziger Jahre ständig beschäftigt: in Beziehung auf sich selbst und den zunächst kaum merklichen Prozeß des Alterns, aber wohl auch in Beziehung auf den venezianischen Staat und die Ordnung des alten Europa, die allmählich ins Wanken gerät; durchaus wahrscheinlich ist, daß Casanova auch das – in der Einleitung der Duell-Novelle erwähnte – merkwürdige Zusammentreffen seines Einzugs in Paris mit dem Attentat von Damiens auf König Ludwig XV. als sinnbildhaft erfahren hat. Jedenfalls dürfte es die Ahnung des bevorstehenden Untergangs von Alteuropa sein, die ihn veranlaßt, zum Historiographen der polnischen Entwicklung zu werden. 1774 erscheint der erste Band seiner »Geschichte der Wirren in Polen« (»Istoria delle turbolenze della Polonia«), im Jahr darauf folgen die Bände II und III; das Manuskript des letzten Teils galt lange als verschollen, erst seit 1974 liegt Casanovas wichtigste historische Arbeit vollständig vor.

Zur Ausarbeitung des Werkes veranlaßt wurde Casanova wohl durch die erste polnische Teilung von 1772. Obwohl nur das an Österreich gefallene Galizien eine polnische Bevölkerung hatte, während »im russischen Anteil fast ausschließlich Weißruthenen, Russen und Letten lebten« und »im preußischen Anteil das Ermland und die Wojwodschaft Marienburg rein deutsch besiedelt waren«[66], und obwohl der polnische Staat noch immer über 530000 Quadratkilometer und fast 7,5 Millionen Einwohner verfügte, sah Casanova sich offenbar in seinen düstersten Erwartungen bestätigt. Er beschließt, »alle Ereignisse, die den Umsturz in diesem Königreich verursacht haben«, wie der Untertitel lautet, durch eine genaue Chronologie der politischen Entwicklung in den Jahren 1764 bis 1770 darzustellen. Der eigentliche Anspruch aber, den Casanova mit seinem Werk erhebt, geht über die bloße Zusammenstellung von Fakten hinaus: in letzter Stunde will er am Beispiel Polens exemplarisch darlegen, welche Fehler zu vermeiden seien, wenn die alte Ordnung in Europa noch eine Chance haben soll.

Der Überzeugung der Aufklärer, daß man nur alte Vorurteile zu beseitigen habe, um der Vernunft zum Sieg zu verhelfen, hatte Casanova schon während seines Besuchs bei Voltaire im Jahre 1760 nicht zugestimmt. Der Widerspruch, daß die Menschen zwar der Vernunft und des Freiheitsbegriffs teilhaftig, aber offenbar nicht fähig sind, ihn in einer Gesellschaft von Freien und Gleichen zu verwirklichen, ihre »ungesellige Geselligkeit« (Kant), veranlaßt ihn, bei dem

Gedanken an einen ursprünglichen Gesellschaftsvertrag nicht Rousseau (für den die Vertragspartner gleiche Rechte haben), sondern eher Hobbes zu folgen: »Die ersten Nationen haben sich freiwillig unterworfen, um in den Genuß eines zukünftigen Glücks zu gelangen, das ohne einen leitenden Kopf nicht zu erreichen wäre.«[67] Wenn Casanova dergestalt für den »Despotismus« als eine vorübergehend notwendige Regierungsform eintritt, so fehlen zwar auch bei ihm nicht die im Zeitalter des »aufgeklärten Absolutismus« üblichen Vorbehalte – die absolute Herrschaft darf nicht mißbraucht werden –, zugleich aber wendet er sich mit Entschiedenheit gegen eine Aufweichung des absolutistischen Prinzips: »Alle haben entschieden, daß die Regierung eines Einzigen die beste sei, aber wenn man dann doch nicht will, daß dieser allein unbedingter Herrscher sei, widerspricht man jener Voraussetzung: denn wie kann einer regieren, der nicht zugleich Gesetzgeber ist?«[68] Die Entschiedenheit, mit der Casanova für das absolutistische Prinzip eintritt, hat ihren Grund in seiner Sicht des geschichtlichen Prozesses: »Die düsteren und unheilvollen Zeiten sind jene, die den zur Heilung notwendigen Maßnahmen vorausgehen. Das Brechmittel, das der Kranke einnimmt, um wieder gesund zu werden, verursacht ihm unerträgliche und schmerzhafte Übelkeiten (...). So ist die Welt, und je größer der Körper ist, desto größer müssen auch die Übel sein, die er zu erdulden hat, wenn er die bittere Medizin nimmt. Die Ärzte dieser Welt sind die Monarchen, insofern sie über mächtige Heere verfügen, und die Medizin ist die Durchführung ihrer Projekte.«[69] Da es auf dieser Erde »nichts Schönes, Gutes, Nützliches, Ehrenhaftes« gibt, was nicht auf Gesetz, Befehl, Gehorsam und Autorität beruhe, hat der Monarch, »den Gott als Inhaber großer Macht einsetzte, die Pflicht, alle Provinzen, in denen die Unordnung herrscht, seiner Macht zu unterwerfen, um ihnen das Glück zu bringen, auch gegen ihren Willen.«[70] Aus diesem Grunde muß der Monarch darauf bedacht sein, seine Macht zu vergrößern, denn die Erde und das Menschengeschlecht sind so beschaffen, »daß es kein Gut gibt, das nicht mit Gewalt durchgesetzt worden wäre; diese bewirkt alles, alles hängt von ihr ab, die Gesetze brauchen sie, wenn sie wirksam bleiben sollen.«[71]

Es ist also ein durchaus gebrochenes Verhältnis zu dem für die Aufklärung zentralen Gedanken des Fortschritts, das Casanova in der Einleitung erkennen läßt: Der Despotismus ist zwar notwendig, aber keineswegs Selbstzweck und wohl auch nicht für alle Zeiten erforderlich; in einem gesetzmäßig geordneten Zustand mag er überflüssig sein und der Vernunft weichen, die aber, für sich, zu schwach ist, um sich durchzusetzen.

Casanova war zu einem kritischen Zeitpunkt in Warschau eingetroffen; die Schonzeit für den seit einem Jahr regierenden König, »von dem«, wie es in der Duell-Erzählung beziehungsreich heißt, »ganz Europa sprach«, begann abzulaufen. Stanislaus August Poniatowski war im September 1764 unter außergewöhnlich günstigen Bedingungen zum König gewählt worden; mit ihm schien sich endlich die Gelegenheit zu bieten, das durch Verfassung, geschichtliche Entwicklung und geographische Lage in sich zerstrittene und vom Zerfall bedrohte Land zu einigen.

Als verhängnisvoll für die neuere Geschichte Polens hatte sich die Einführung des Wahlkönigtums erwiesen, nach dem Tode des letzten der Jagiellonenkönige (1572), die dem Land zu politischer Macht und kultureller Blüte verholfen hatten. Die Entwicklung zur absoluten Monarchie, die nach dem Zeitalter der Glaubenskriege allein eine konsequente Machtpolitik und die Entstehung einer nationalstaatlichen Ordnung gewährleistete, war in Polen damit unterbrochen; während in Frankreich der langwierige Prozeß der Unterwerfung der Feudalherren unter die Zentralgewalt mit Ludwig XIV. zum Abschluß kommt, verläuft die Entwicklung in Polen umgekehrt: mit der Abschaffung des erblichen Königtums und den Pacta Conventa von 1574, in denen die Rechte des Königs entscheidend eingeengt werden, wird der Grund gelegt für die uneingeschränkte Herrschaft der Magnaten. »Dieser Staat nennt sich zwar Königreich, weil ein König an der Spitze steht, dessen ungeachtet aber ist er eine wirkliche Aristokratische Republik; der König hat nur die Macht, Wohltaten zu spenden, (...) er allein verfügt über alle Würden, die das Königreich zu vergeben hat, und zwar nicht nur über die Ehrenämter, sondern auch Stellungen, die viel Geld einbringen. (...); es ist offensichtlich: nach der Verfassung sollte ihm das Recht zu belohnen zustehen, nicht jedoch das Recht zu bestrafen.«[72] Damit hat Casanova den entscheidenden Defekt des polnischen Staates benannt, die Unfähigkeit, eine absolute Monarchie hervorzubringen. Als besonders ruinös erweisen sich das berüchtigte *liberum veto*, durch das Mehrheitsentscheidungen der Reichstage ausgeschlossen werden (ein einziger Widerspruch macht eine Beschlußfassung unmöglich), sowie das verbriefte Recht jeder Faktion, sich zu einer *Konföderation* (die nach dem jeweiligen Ort ihrer Gründung benannt wird) zusammenzuschließen. Polen wird handlungsunfähig nach außen, im Innern herrschen anarchische Zustände, der Staat insgesamt wird zum Spielball der europäischen Mächte.

In dieser Situation schien mit der Wahl von Stanislaus August Poniatowski eine Wende zum Besseren hin möglich; wenn von seiner Person »ganz Europa sprach«, so deshalb, weil man von ihm die Vereinigung der auseinanderstrebenden politischen Kräfte glaubte erwarten zu können. Schon zu Lebzeiten des letzten »sächsischen« Königs, Augusts III. (der die polnische Sprache nicht beherrschte), hatten die mächtigen Czartoryskis (die *Familie*) geplant, entweder einen der Ihren oder, wenn es nicht anders ginge, den von ihnen verachteten Stanislaus August Poniatowski, der immerhin ein *Piast* (polnischer Abstammung) war, nach einem Umsturz zum König wählen zu lassen, um den Zustand »politischer Demoralisierung, alles überragenden Privatinteresses und übertriebenen Aufwandes bei den reichen und selbstbewußten Magnatenfamilien« (Rhode) zu beenden und die notwendigsten Reformen durchzuführen. Da sich auch Preußen und Rußland auf Stanislaus Poniatowski verständigt hatten, war seine Wahl – nach dem plötzlichen Tod Augusts III. – gesichert. In Opposition verblieb lediglich die ultrakonservative Partei der »Patrioten«, die die *Familie* bekämpfte, weil diese für ihre – durchaus nicht landesverräterischen – Pläne die Hilfe Rußlands in Anspruch nehmen wollte; die »Patrioten« beanspruchten den Thron für ihren (mit Casanovas Duellgegner nicht verwandten) Führer Johann Klemens Branicki, dem wiederum ein Enkel Augusts III. folgen sollte. Alles in allem aber war, wie Casanova resümierend feststellt, die Ausgangslage für den neuen König nicht schlecht: »Der Wahlreichstag hatte ihm eine Autorität wie noch keinem seiner Vorgänger verschafft, aber nichtsdestoweniger war noch ein langer Weg zurückzulegen bis zur Erreichung der vollen Macht, gegen die insgeheim bereits die großen Generäle und zahlreiche andere Magnaten ankämpften. (...) Aus diesem Grunde blieben die meisten dieser Herren in ihren eigenen Provinzen und zeigten sich niemals bei Hofe.«[73] Diese »Patrioten«, die den neuen König niemals anerkannt haben, sind es, denen Casanova nach dem Duell, während seiner Reise durch die polnischen Provinzen, Besuche abstattet. Der Grund für dieses mehr als seltsame Verhalten ist in Dunkel gehüllt und gibt nach wie vor Rätsel auf.

Wenn diese Besuche Casanovas bei den erklärten Feinden des Königs überhaupt einer rationalen Erklärung zugänglich sind, so ist diese in seiner ambivalenten Haltung gegenüber Stanislaus August II. beschlossen. In den »Turbolenze« findet sich ein Satz, der nicht nur geeignet ist, das widersprüchliche Verhalten Casanovas gegenüber dem König, wie es in der Duell-Novelle zum Ausdruck kommt, verständlicher werden zu lassen, sondern der auch als Schlüsselsatz für seine gesamte Beschäftigung mit der jüngsten polnischen Geschichte gelten kann. Über die Anfänge der Regierung Stanislaus Augusts heißt es: »Dieser Monarch, der gut über die Interessen seines Landes Bescheid wußte, brachte ein Jahr damit zu, sie zu ventilieren; ausgestattet mit den weitgehenden Vollmachten, die ihm der Wahlreichstag zugesprochen hatte, schickte er sich an, allem ein neues Aussehen zu geben und die Verhältnisse dergestalt in Bewegung zu bringen, daß er, scheinbar nur Mißstände korrigierend, aus einem schwachen Oberhaupt der Republik allmählich zu einem absoluten Monarchen geworden wäre.«[74] Damit ist der Maßstab gesetzt, nach dem Casanova den König beurteilen wird, und zugleich ist hier der Schnittpunkt, in dem die in eine kritische Phase eingetretene polnische Geschichte und sein eigenes Leben sich kreuzen, denn genau nach Ablauf dieses ersten Jahres trifft Casanova in Warschau ein.

Nach der anfänglichen, schnell vergessenen Irritation durch die Formlosigkeit des Fürsten Czartoryski (»Das ist der König«) ist Casanova vom Glanz des Warschauer Hofes in einer Weise überwältigt, die noch in den »Turbolenze« spürbar wird: »Ich sah dort Männer, die schön, aber nicht verweichlicht waren, bescheiden, ohne sich zu erniedrigen, höfisch, ohne unterwürfig, gebildet, ohne prätentiös zu sein, aufgeschlossen gegenüber den Fremden, großzügig, liebenswürdig und in allem so prächtig, daß man es kaum glauben kann. Ich sah Frauen, die schön waren, ohne hochmütig zu sein, den schönen Künsten geneigt, in fremden Sprachen unterrichtet, anmutig, geschmackvoll gekleidet, das Verdienst schätzend, auf die Würde ihres Hauses bedacht, und beseelt von vaterländischem Geist, mehr noch als die Männer, falls das möglich ist. (...) Stanislaus August glänzte zwischen diesen Gestirnen, ohne sie zu verdunkeln. Er ist schön, von männlichem Aussehen, beim ersten Anblick jedermanns Herz gewinnend. (...) Auf seinem königlichen Antlitz sieht man Großherzigkeit, Beständigkeit, Güte des Herzens, und auch die Trauer seines Gemütes. Niemals habe ich einen Monarchen gesehen, der mit größerer Aufmerksamkeit zugehört, mit größerer Liebenswürdigkeit geantwortet, mit mehr Energie gedacht hätte. (...) Alles an ihm ist natürlich. (...) Nur ein menschliches Ungeheuer könnte ihn hassen.«[75] Zweifellos ist Casanovas Begeisterung echt, auch wenn der selbst für italienische Verhältnisse ungewöhnliche rhetorische Schwung, von dem die verkürzende Übersetzung nur einen Abglanz übermitteln kann, schließlich den Eindruck hervorruft, daß die Wogen der Begeisterung nicht zuletzt deshalb so hoch gehen, damit sie sich umso effektvoller in den Klippen des Widerspruchs brechen können. »Wie aber konnte er, der die Magnaten seines Reiches kannte, sich jemals einbilden, daß sie freiwillig darauf verzichten würden, in ihren Provinzen unbedingt zu herrschen? Wie konnte er erwarten, sich die zu Freunden zu machen, die, einer anderen Konfession zugehörig, einander nicht nur hassen, sondern sich dazu auch verpflichtet fühlen? Wie konnte er nur darauf verfallen, die zu befrieden, die der Zwietracht bedürfen, um sich an der Macht zu halten, und der Unruhe, um die Tugend hervorzubringen, die, wie Tacitus sagt, die Polen nur wie eine äußere Hülle umgibt? *Sarmatarum virtus veluti extra ipsos.*«[76] Es sind vor allem zwei Fehler, die begangen zu haben Casanova dem König vorhält. Der erste war, daß er sich von Rußland und Preußen einen konfessionellen Konflikt habe aufnötigen lassen. Nach zwei Jahrhunderten religiöser Toleranz war Polen zu Beginn des achtzehnten Jahrhunderts wieder dazu übergegangen, die Protestanten zu unterdrücken und von allen öffentlichen Ämtern auszuschließen; diese Entwicklung war zuletzt im Reichstag von 1764 bestätigt worden. Casanova, der jeden Krieg für eine »Geißel« hält, Religionskriege jedoch für das schlimmste aller Übel[77], leugnet zwar nicht, daß die Protestanten seinerzeit ihr Teil zur Förderung des Gemeinwesens beigetragen haben, aber er will doch nicht, daß der inzwischen hergestellte Zustand abermals verändert werde, da er verschiedene Konfessionen innerhalb eines Staates für äußerst gefährlich und den Protestantismus überdies für zersetzend hält, vermutlich, weil er das Prinzip der Gewissensfreiheit als unvereinbar mit der absolutistischen Herrschaftsform ansieht. Die heftigen Ausfälle gegen das Prinzip religiöser Toleranz entspringen daher auch nicht einem orthodoxen Fanatismus – an einer Stelle mißbilligt Casanova ausdrücklich die extreme Unduldsamkeit des polnischen Katholizismus –, vielmehr der Einsicht, daß die Forderung nach Toleranz in Rußland und Preußen längst nicht aus religiösen Gründen erfolgt, sondern weil sie es ermöglicht, sich in die inneren Angelegenheiten Polens einzumischen. Die Unterstützung der Protestanten, »die für Friedrich Wilhelm I. noch eine Frage des Glaubens war, gehörte seit 1730 zum Bestandteil des russisch-preußischen Zusammenwirkens« (Rhode). So trifft Casanovas Behauptung zu, Katharina II. habe sich erst dann dazu entschlossen, für die »Dissidenten« einzutreten, als sich herausgestellt hatte, daß die Wahl Stanislaus August Poniatowskis allein nicht die erwarteten Folgen zeitigen würde. Tatsächlich geht die Rechnung der Zarin auf; es bilden sich auf das russische Eintreten für Gewissensfreiheit hin vier einander befehdende *Konföderationen*, zwei protestantische, zwei katholische, jede mit ihrem eigenen Marschall und mit dem Fürsten Radziwill als oberstem Marschall aller vier Konföderationen. Hier begeht der König nach Casanovas Überzeugung den zweiten, entscheidenden Fehler: er macht gute Miene zum bösen Spiel, empfängt die Delegierten der Konföderationen mit aller Freundlichkeit, anstatt auszusprechen, worum es sich in Wahrheit handelt: um ein »Attentat auf die königliche Autorität«[78]. An dieser Stelle wendet Casanova sich von dem zunächst so bewunderten König ab: »Ein kluger Fürst paßt sich den unterschiedlichen Zeitläuften an; aber seine erste Sorge muß immer sein, seine Autorität nicht Schaden nehmen zu lassen.« Die regellosen und wüsten Kämpfe zwischen den Konföderationen, die 1768 ausbrechen und vier Jahre später zur ersten Teilung Polens führen, sind die »Wirren«, die Casanovas Buch den Titel geben.

XII

Mit der Entscheidung für die absolutistische Herrschaft hat sich Casanova zwar in der Tat für die zu Ende gehende Epoche entschieden, aber er ist darüber nicht zum *laudator temporis acti* geworden, zum reaktionären Lobredner des Vergangenen, dem das Bewahren ein Wert an sich, jede Veränderung ein Zeichen von Niedergang und Zerfall ist. Casanova ist weder jener historischen Tendenz, die üblicherweise als »Aufklärung« bezeichnet wird, ohne weiteres zuzurechnen – dafür liegt ihm der Glaube an Vernunft und Fortschritt als die Grundlagen der geschichtlichen Entwicklung zu fern –, noch könnte er von den konservativen Gegnern der Moderne vereinnahmt werden, denn die Verteidigung des Hergebrachten erfolgt bei ihm so gut wie nie von einer vermeintlich überzeitlichen Warte aus; vielmehr wird sie regelmäßig pragmatisch begründet: so ist die höfische Ehre für ihn durchaus kein unveränderlicher, über Zweifel erhabener Wert, aber sie ist nun einmal – »So ist unser Jahrhundert!« – für denjenigen verbindlich, der als Teil der aristokratischen Gesellschaft leben will. Der Kern von Casanovas Pragmatismus aber ist ein spezifisch modernes Phänomen: das historische Bewußtsein. In seinem großen Roman »Ikosameron oder Geschichte von Eduard und Elisabeth«, dessen Handlung durch einen Sturz ins Innere der Erde und an den Beginn aller Zeiten in Gang gebracht wird, finden sich die erstaunlichen Sätze: »Wir kennen auf der Erde nichts, was Bestand hätte, aber was sich in jedem Augenblick ändert und was alles der Veränderung unterwirft, das ist zweifellos die Zeit. Man könnte sie definieren als das *abstrakte Wesen*, das nur in der Einbildungskraft existiert, um der rasenden, alles verändernden Flucht des Augenblicks eine Gestalt zu geben. Die Geschichte zu kennen, bedeutet nichts anderes als der Wirkungsweise der Zeit innezuwerden; zu verstehen, daß nichts, was uns heute zustößt, zu einer anderen Zeit sich hätte ereignen können; und hieran sein eigenes Urteil auszurichten, indem man sich ständig die Zeit vergegenwärtigt, vor deren Sitten, Gesetzen und Kenntnissen sich die Ereignisse, von denen man lesen kann, vollzogen haben.«[79] Während die Aufklärung die vernunftorientierte Gegenwart und irregeleitete, »finstere« Vergangenheit einander starr konfrontiert, der Geschichte mit Unverständnis begegnet – gerade der als unausweichlich begriffene »Fortschritt« ist ja ein durchaus unhistorischer Gedanke –, kommt Casanova der Hegelschen Einsicht in den Zeitkern der Wahrheit bereits sehr nahe.

Daß ein außerordentlich entwickeltes historisches

Bewußtsein, und nicht etwa gesinnungsloser Opportunismus dem pragmatischen Denken Casanovas zugrundeliegt, läßt sich schon daran erkennen, daß seine weitestreichenden historischen und politischnen Einsichten ohne solchen Pragmatismus nicht zustande gekommen wären. In seiner »Geschichte der polnischen Wirren« bemerkt er einmal, es sei an der Zeit, die Haltung der Türkei im Zusammenhang der Königswahl in Polen vorurteilsfrei, also ohne Rücksicht auf die kriegerischen Auseinandersetzungen zwischen Christentum und Islam zu analysieren; tatsächlich verweist die besondere Aufmerksamkeit, die er der Politik der Pforte widmet, in die einzige Richtung, aus der Polen, auf fast hoffnungslose Weise eingekreist von Rußland, Österreich und Preußen, Unterstützung hätte zukommen können. Besonders die Konföderation von Bar, bemerkt er, habe den Petersburger Hof außerordentlich beunruhigt, und zwar »wegen ihrer Nachbarschaft zur Türkei«. Daß es sich bei dieser Einschätzung der türkischen Einflußmöglichkeiten nicht um eine bloße Spekulation Casanovas handelte, ist von der Geschichtswissenschaft nachträglich bestätigt worden. In einer kurz nach Freigabe des russischen Aktenmaterials entstandenen Dissertation aus dem Jahre 1894 wird über die Petersburger Reaktion auf die plötzliche Weigerung der Pforte, Stanislaus Poniatowski als Kandidaten für die Königswahl zu akzeptieren, berichtet: »Die Stunde war gekommen, wo endlich die Candidatur Poniatowskis im Namen Rußlands offen zu proclamiren war (...). Stattdessen wurde nunmehr den Gesandten (...) ein Bevollmächtigungsschreiben für den Wahlreichstag übersandt, worin einzig die Wahl eines Piasten empfohlen wird, ohne den Namen Poniatowskis zu nennen. In den beifolgenden Rescripten vom 11. August wird auseinandergesetzt: durch die türkische Erklärung sei man genöthigt, von einer offenen Empfehlung Poniatowskis abzusehn«; sollten alle Mittel scheitern, ihn dennoch durchzusetzen, »so werden die Gesandten ermächtigt, von einem der ihnen anvertrauten Blankette mit der Unterschrift der Kaiserin Gebrauch zu machen, um den Namen eines anderen entsprechenden Candidaten, an Stelle Poniatowskis, hineinzusetzen. (...) Nichts merkwürdiger als dieser Vorgang. Ein einziges festes Veto der Pforte (...) hatte genügt, um die, wie es schien unwiderstehlich fortschreitende Action hart am Ziele plötzlich zum Stehen zu bringen.«[80] In Polen scheinen die Chancen, die das Ausspielen der türkischen Karte geboten hätte, nicht einmal erkannt, geschweige denn genutzt worden zu sein, und zwar offensichtlich aus religiösen Gründen: zu sehr war man dort darauf eingeschworen, das Wohl des Staates mit dem der katholischen Kirche zu identifizieren und die Protestanten zu unterdrücken, als daß man dem Gedanken, mit dem Erbfeind des christlichen Abendlands eine Verbindung einzugehen, hätte näher treten können. Als die Wahl eines neuen Königs ansteht, ist Polen in Konstantinopel diplomatisch nicht vertreten.

Trotz seiner Neigung zu pragmatischem Denken aber ist Casanova nicht gewillt – und aufgrund seines lebhaften Temperaments wohl auch nicht dazu in der Lage –, aus dem Einblick in politische und historische Notwendigkeiten einen hemmungs- und haltlosen Relativismus abzuleiten. Bei allem Verständnis für die schwierige Lage des Königs, der es mit keiner Partei verderben darf, läß Casanova nicht davon ab, ihn für sein Handeln verantwortlich zu machen. Nach dem Duell hatte Stanislaus August sich beeilt, den verwundeten Podstoli aufzusuchen, obgleich dieser wegen seiner prorussischen Haltung verhaßt war und der Autorität des Königs einen neuen Stoß versetzt hatte, indem er es nicht einmal für nötig befunden hatte, das Duell außerhalb der Starostei von Warschau stattfinden zu lassen; zugleich aber hatte er schriftlich bestätigt, daß er den Venezianer »nicht vergessen« habe. In der Novelle deutet Casanova kaum an, daß angesichts dieses Lavierens sein Temperament mit ihm durchgegangen sein muß, im Unterschied zu den Memoiren, in denen er durchblicken läßt, er habe den König verdächtigt, dem Venezianer zur Amputation der Hand geraten zu haben, um dem schwer verletzten Branicki Genugtuung zu verschaffen. Wie es um diesen Verdacht auch bestellt sein mag, Casanova jedenfalls hatte es für richtig gehalten, dem König einen seiner berüchtigten, von ihm selbst zuweilen als »blutig« bezeichneten Briefe zu schreiben, in höflichem und submissem Ton, das versteht sich, zugleich aber so eisig und schneidend, daß der Erfolg niemals ausblieb. »Der gesamte Hof las meinen Brief.«[81] Wie Casanova nach diesem Vorgang noch weiterhin darauf hoffen konnte, eine Anstellung bei Hofe zu finden, bleibt ebenso sein Geheimnis, wie es die Motive sind, die ihn dazu bewegen, nach dem Duell alle Magnaten zu besuchen, die dem Hofe fernbleiben, weil sie bedingungslose Opposition gegen den König betreiben.

Diese Brüskierungen des Königs sind so weitgehend, daß sie eigentlich nur noch übertroffen werden von Casanovas ehrlichem Erstaunen darüber, daß er nach seiner Rückkehr in Warschau nicht mehr wohlgelitten ist; noch im Alter scheint er seiner Verwunderung über den Verlust der königlichen Gnade nicht ganz Herr geworden zu sein.[82] Diese beispiellose Naivität ist nur durch einen, offenbar besonders stabilen, psychischen Mechanismus erklärbar. Casanova muß sich mit dem polnischen König weitgehend identifiziert haben. Stanislaus August repräsentierte für den venezianischen Abenteurer wohl eine Art von Ich-Ideal, und zwar aufgrund seines einnehmenden und liebenswürdigen Wesens, aber auch durch seine Herkunft aus sozusagen »einfachen«, mit Reichtümern nicht gesegneten Verhältnissen. Zu dessen Karriere bemerkt Casanova einmal, niemand hätte Poniatowski in seiner Jugend vorhergesagt, daß er dereinst König würde. Wahrscheinlich hat Casanova den polnischen König als einen illustren Abenteurer-Kollegen gesehen. In dieser Identifizierung dürfte auch der Grund dafür enthalten sein, daß er den König zu wiederholten Malen brüskieren und doch aus allen Wolken fallen kann, als er schließich dessen Gunst verliert: Der Verdacht einer konspirativen Tätigkeit, so mag ihm sein Unbewußtes während der Rundreise durch die Provinz eingeflüstert haben, wäre ganz widersinnig, denn wie sollte es möglich sein, sich gegen das eigene Ich zu verschwören? Bei aller Kritik am politischen Verhalten des Königs hat dieser Mechanismus wohl nie ganz ausgesetzt.

Aber auch noch in einem weitergehenden Sinne mag eine Identifizierung mit dem König stattgefunden haben. Denn der König, der nach so vielen verschiedenen Richtungen hin Rücksicht zu nehmen hat, und zwar so sehr, daß die Umrisse seiner Person zu verschwimmen beginnen, verhält sich eigentlich gar nicht anders als alle anderen auch, mit dem bloß graduellen Unterschied, daß dieses Verhalten bei ihm stärker in die Augen fällt. Was der Duell-Novelle ihre eigentümliche Aktualität verleiht, ist die Tatsache, daß alle in ihr auftretenden Personen nur sehr bedingt die Möglichkeit haben, sie selbst zu sein. Noch nach der schweren Beleidigung des Impresario Tomatis durch den Podstoli denkt Casanova, daß Branicki ihm weder nützen noch schaden könne. »Ich sah ihn niemals, ich hatte nie mit ihm gesprochen, ich konnte ihm gar keinen Vorwand liefern. Selbst bei Hofe sah ich ihn nie, denn er war dort niemals zu der gleichen Zeit wie ich.«[83] Das bedeutet, daß Casanova schon unmittelbar nach seinem Eintreffen in Warschau, und ohne daß ihm das zu Bewußtsein kommen konnte, einer bestimmten Partei zugeordnet worden war, nämlich der antirussischen *Familie* Czartoryski, die den König zwar geringschätzte, ihn aber immerhin für ihre geplanten polnisch-nationalen Reformen einzusetzen gedachte.

Diese Zuordnung wiederum hat zur Folge, daß Casanova sich im Lager derer wiederfindet, die der Tänzerin Caterina Catai applaudieren, obwohl er viel mehr von der Venezianerin Anna Binetti hält, »aus Neigung und Pflicht«, wie es in der Novelle heißt, in der dieser Zwiespalt nur in allgemeinen Wendungen umrissen wird. In den Memoiren dagegen wird Casanova den politischen Hintergrund seines Verhaltens sehr viel deutlicher werden lassen. Obwohl er die Binetti für die unvergleichlich bessere Tänzerin hält, und obwohl, wie er betont, er ihr seit langem dankbar verpflichtet ist (sie hatte ihn in Stuttgart einmal aus einer üblen Situation befreit), bezeichnet er es doch als seine »Pflicht«, auch weiterhin im Lager der Catai zu verbleiben, denn diese hatte »die ganze Familie Czartoryski für sich eingenommen, dazu deren Verbündete und alle, die von diesen abhingen. (...) Es versteht sich von selbst, daß ich daher um der Binetti willen nicht einfach die Front wechseln konnte, ohne mir die Feindschaft all derer zuzuziehen, auf die ich die größte Rücksicht nehmen mußte.«[84] Wäre Casanova seiner »Neigung« gefolgt, so wäre es niemals zu dem Zusammenstoß mit Branicki, einem Parteigänger der Binetti, und damit zum Duell gekommen. Gerade die wesentlichen Ereignisse entstehen also aus Motiven, die die handelnden Personen niemals als die ihren anerkennen würden. Was die Menschen eigentlich seien, wird unbestimmt, sie beginnen, sich in einer diffusen gesellschaftlichen Totalität aufzulösen. Den Begriff der *contrainte sociale*, des sozialen Zwanges, den der bedeutende französische Soziologe Emile Durkheim gegen Ende des 19. Jahrhunderts finden wird, kennt Casanova noch nicht, wohl aber gestaltet er bereits das mit diesem Begriff Gemeinte, und hierin besteht wohl die spezifische Modernität seiner Novelle.

Während in der Darstellung der polnischen Geschichte noch eine starke innere Beteiligung an der politischen Entwicklung spürbar ist, spielt in der wenige Jahre später entstandenen Duell-Novelle, deren Geschehnisse sich vor dem Hintergrund der in dem Geschichtswerk dargestellten Ereignisse abspielen, ein Engagement, das über die eigene Person hinausginge, keine Rolle mehr. In Warschau hatte Casanova es noch einmal für möglich gehalten, den Absolutismus durch die Gestalt des polnischen Königs Stanislaus August II. neu zu beleben und den immer bedrohlicher werdenden Geschichtsprozeß stillzustellen oder sogar umzukehren. In den »Turbolenze« verschwindet das Ich des Berichterstatters in der Geschichte, die Duell-Episode wird nur in einer Fußnote erwähnt; dagegen im »Duell« erscheint ein überlebensgroßes Ich, das allein mit sich selbst beschäftigt ist. In den »Turbolenze« ist die Utopie eine mit ihrem Monarchen versöhnte Nation, die sich aus der Abhängigkeit von fremden Mächten befreit; im »Duell« geht es nur noch um die Empfindlichkeiten der einzelnen Person, die nichts anderes im Sinn hat als darüber zu wachen, daß ihr ständig bis ins kleinste die Achtung erwiesen wird, von der sie meint, daß sie ihr zustehe; ist dies einmal nicht der Fall, so ist die verletzte Ehre unverzüglich wieder herzustellen.

Dieses Verhalten mochte, wenigstens solange es nicht zum Exzeß getrieben wurde, sinnvoll gewesen sein in der höfischen Gesellschaft, in der von Rangfragen tatsächlich alles abhing; da für die »gute Gesellschaft« in der Zeit des Absolutismus ein Leben außerhalb des Hofes schlechterdings nicht vorstellbar war, mußte ein Angriff auf die Ehre tatsächlich die Vernichtung der Existenz bedeuten; in der bürgerlichen Gesellschaft dagegen, die ohne die – zumindest prinzipielle – Gleichheit aller ihrer Mitglieder vor dem Gesetz nicht funktioniert, wird ein empfindliches und vor allem unkalkulierbares Institut wie die Ehre (denn jeder einzelne bestimmt selbst, ob er sich entehrt fühlt) zu einem Risiko, das es zu vermeiden gilt. Die Ehre, die vom »Ehrgefühl« abhängt, ist sozusagen das vorbürgerliche Pendant zur bürgerlichen Kategorie des »Geschmacks«, die im 18. Jahrhundert ausführlich diskutiert wird; auch das Geschmacksurteil beansprucht, wie Kant analysierte, allgemeine Gültigkeit, aber im Unterschied zu einer Verletzung des Ehrencodex bleibt ein Verstoß gegen den guten Geschmack eher folgenlos. Die Ehre dagegen wird schon im 18. Jahrhundert zum Überbleibsel aus einer anderen Zeit, zu einer Art Fremdkörper in der bürgerlichen Gesellschaft, was nicht zuletzt daran erkennbar ist, daß sie nicht durch das Gesetz wieder hergestellt werden kann. (Daß die Ehre zwar in ihrer höfisch-absolutistischen Ausprägung »veraltet« sein mag, in anderer Form aber nach wie vor unentbehrlich ist oder vielmehr sein sollte, wird ohne weiteres deutlich, wenn man zur Kenntnis nehmen muß, daß ein Minister einen hohen Offizier erst schimpflich entlassen, ihn sodann durch das Staatsoberhaupt in seinen Rang wieder einsetzen lassen, ihn anschließend ehrenvoll verabschieden und danach immer noch, als wäre nichts geschehen, selbst im Amt verbleiben kann.) Dieser Sachverhalt: daß die Ehre nicht einklagbar ist, spielt bei dem Entschluß des Venezianers, den Podstoli herauszufordern, eine entscheidende Rolle; zwar denkt er in diesem Zusammenhang auch einen Augenblick lang an die Ausnahme England, wo die Institutionen der bürgerlichen Gesellschaft sich schon so weit stabilisiert haben, daß eine außergesetzliche Austragung von Ehrenhändeln nicht mehr zulässig ist – nicht das subjektive Ehrgefühl entscheidet hier darüber, ob eine Beleidigung vorliegt, sondern der objektiv zu führende Wahrheitsbeweis –, aber dann gibt doch die Überlegung den Ausschlag, daß die per Gerichtsurteil, also etwa durch einen Widerruf, reparierte Ehre der Lächerlichkeit preisgegeben bleibt: bewußt entscheidet sich Casanova für einen Verhaltenscodex, durch den es noch nicht möglich ist, jede nur denkbare Handlungsweise als »Fall« unter ein abstraktes Gesetz zu subsumieren.

Im 19. Jahrhundert schließlich wird der höfisch-absolutistische Ehrbegriff endgültig offenen Anachronismus, dessen kaum verhohlene Funktion darin besteht, durch die entsprechende Definition der »Satisfaktionsfähigkeit« dafür zu sorgen, daß die Gleichheit vor dem Gesetz, wenn sie schon, zumindest als Prinzip, nicht mehr zu verhindern ist, am

Ende nicht etwa auch noch auf die Unterteilung der Gesellschaft in Klassen übergreife. »Wenn auch die strenge Ehrenhaftigkeit und Gewissensreinheit unsres Richterstandes über jeden Zweifel erhaben ist«, heißt es noch kurz vor dem Ersten Weltkrieg in einem einschlägigen Handbuch, »so kann der Vollzieher des Gesetzes doch nur nach dem Wortlaut des Paragraphen urteilen und vermag dem subjektiven Empfinden des Beleidigten nicht oder nur ungenügend Rechnung zu tragen. Wohl ist dem Richter bei Bemessung der Strafe ein Spielraum gelassen (...), aber den Grundsatz, daß vor dem Gesetze alle Menschen gleich sind, kann derselbe doch nicht oder nicht ganz verlassen. Denn bei den so verschiedenen Qualitäten der Menschen und ihrem mehr oder weniger rigorosen Ehrbegriff sollte man füglich auch nicht von einer absoluten Gleichstellung vor dem Gesetze sprechen.«[84]

Von der bürgerlichen Zeit ist Casanova immerhin schon so weitgehend geprägt, daß er sich einen Augenblick lang überlegt, ob es sich denn lohne, für die Ehre – ein Gut, das die Menschen sich nur zuschreiben – das Leben aufs Spiel zu setzen, ihren einzigen wirklichen Besitz. Wie in seinen politischen Überzeugungen, so entscheidet er sich auch hier für das zu Ende gehende Zeitalter, zumal die Gelegenheit günstig ist, sich endlich wieder einmal bestätigen zu lassen, daß er noch immer zur besten Gesellschaft gehört; in Venedig, das bestätigt er in den Memoiren ausdrücklich, hätte er es nicht wagen können, einen Patrizier zum Duell herauszufordern. Selbst in Polen ist die Sache nicht ohne Risiko; Casanova hatte große Augen gemacht, als er hatte zusehen müssen, wie Branicki den Impresario Tomatis erst beleidigt und dann durch seine Lakaien hatte verprügeln lassen. Daß es dem alten Widersacher Voltaire einmal genauso ergangen war, nachdem er versucht hatte, einen Herzog von Rohan zum Duell herauszufordern, wird den Venezianer dagegen eher gefreut haben. Was aber ist das bißchen Schadenfreude gegen das Glück, das Casanova empfindet, als, allen Voraussagen zum Trotz, bei seinem Besuch im Hause des verwundeten ehemaligen Gegners die Türflügel zum Zimmer des Podstoli auffliegen und dieser ihm eine Tasse Schokolade anbietet, das Getränk, das, anders als der bürgerlich-nüchterne Kaffee, der guten Gesellschaft, die er so liebt, vorbehalten ist. Wer sagt, daß Rache süß sei, kennt nicht die wahre Genugtuung. Casanova muß damals, und vielleicht zum letzten Male in seinem Leben, gemeint haben, er sei im Paradies.

Übersetzung der lateinischen Zitate

1 Beherrsche deine Affekte, die, wenn sie nicht gehorchen, dir befehlen; zügle sie also oder lege sie in Ketten, wenn es sein muß.

2 Dann wird, was süß war, zu bitterer Galle, und zäher Schleim bringt deinen Magen in Aufruhr. Siehst du, wie bleich sich jeder Gast vom überreichlichen Mahl erhebt? Ein Körper, der sich überfressen hat, belastet den Geist und zieht ihn, der doch der Gottheit Hauch in uns sein sollte, zu Boden. (Horaz, Satiren, II, 2, 75–79)

3 Verwundete müssen Hunger leiden.

4 Der fliehende Krieger kann aufs neue kämpfen.

5 Willst du etwa die Neider dadurch zum Schweigen bringen, daß du deine Tugenden verleugnest? In diesem Falle, du Ärmster, wird man dich erst recht verachten. Lasse dich nicht auf feige Laschheit ein, auch wenn sie dir wie eine Sirene schmeichelt. (Horaz, Satiren, II, 3, 13–15)

6 Das Gold ist entwertet.

7 Gegen meinen Willen entlasse ich denjenigen, den man hier nicht mehr will.

Nachweise

1 Casanova, Abriß meines Lebens. Vermischte Schriften, Berlin 1971, 408
2 Cf. Casanova, Histoire de ma vie. Edition intégrale. Wiesbaden, Paris 1960–62 (12 Bücher in 6 Bänden). X/2, 33
3 Histoire de ma vie, X/3, 50
4 Histoire de ma vie, X/3, 51
5 Histoire de ma vie, X/1, 3
6 Histoire de ma vie, IX/12, 315
7 Histoire de ma vie, XII/8, 184
8 Histoire de ma vie, I/Préface, XI
9 Casanova an J. F. Opitz, 20. VII. 1793. Briefwechsel Casanova/Opitz, Berlin 1922, 110
10 Histoire de ma vie, XII/9, 191
11 Cf. Max von Boehn, Rokoko. Frankreich im XVIII. Jahrhundert. Berlin 1919, 308 seq.
12 Histoire de ma vie, I/Préface, XI
13 Histoire de ma vie, I/Préface, XV seq.
14 Histoire de ma vie, I/Préface, XVI
15 Histoire de ma vie, X/1, 18
16 Giovanni Comisso, Agenti segreti di Venezia. 1705–1797. Milano 1984, 68 seq.
17 Histoire de ma vie, IV/16, 321
18 Zitiert nach: Luigi Bàccolo, Vita di Casanova. Milano 1979, 292
19 Agenti segreti, 172 seq.
20 Agenti segreti, 42 seq.
21 Reinhart Koselleck, Kritik und Krise. Eine Studie zur Pathogenese der bürgerlichen Welt. Frankfurt am Main 1973, 49, 58
22 Cf. Báccolo, op. cit., 301
23 Agenti segreti, 83
24 Der preußische Minister Graf von der Schulenburg-Kehnert nach der Schlacht bei Jena, 17. Oktober 1806
25 Casanova, Vermischte Schriften, 26
26 Arthur Schnitzler, Tagebuch, 23. II. 1915. Tagebuch 1913–1916, Wien 1983, 175
27 Agenti segreti, 255 seq.

28 J. Rives Childs, Casanova. Die große Biographie. München 1977, 282
29 Cf. Histoire de ma vie, V/III, 54–56
30 Cesare Beccaria, Dei delitti e delle pene, § XXVII. Milano 1982, 75
31 Beccaria, § XXVIII, 77
32 Beccaria, § XXVIII, 78, 79
33 Agenti segreti, 118 seq.
34 Cf. v. Boehn, Rokoko, 302 seq.
35 Histoire de ma vie, IV/13, 229
36 Histoire de ma vie, IV/13, 230 seq.
37 Histoire de ma vie, IV/13, 231
38 Histoire de ma vie, IV/13, 232 seq.
39 Cf. Histoire de ma vie, II/9
40 Montaigne, Essais, Au lecteur. Œuvres complêtes, Paris 1962 (=Bibliothèque de la Pléiade), 9
41 Montaigne, Essais, 79–95
42 Histoire de ma vie, I/Préface, XIV seq.
43 Histoire de ma vie, V/11, 262
44 v. Boehn, Rokoko, 309
45 Histoire de ma vie, V/11, 262
46 l. c.
47 Johan Huizinga, Herbst des Mittelalters. Studien über Lebens- und Geistesformen des 14. und 15. Jahrhunderts in Frankreich und in den Niederlanden. Stuttgart [11]1975, 291
48 Kant, Kritik der Urteilskraft. Werke in sechs Bänden, ed. Wilhelm Weischedel. V, Darmstadt 1966, 547
49 Kant, Kritik der Urteilskraft, 547 seq.
50 Kant, Kritik der Urteilskraft, 552. Cf. Hartmut Scheible, Wahrheit und Subjekt. Ästhetik im bürgerlichen Zeitalter. Reinbek 1988, 143–148
51 Piero Chiara, Il vero Casanova. Milano 1977, 88
52 Histoire de ma vie, X/7, 161
53 Cf. Hartmut Scheible, Die totale Intrige. Mozarts »Die Hochzeit des Figaro«. In: Musiktheater Hinweise, Frankfurt am Main, Februar 1987, 16–23
54 Histoire de ma vie, X/8, 182
55 Histoire de ma vie, X/5, 104
56 Histoire de ma vie, V/11, 241 seq.
57 Norbert Elias, Die höfische Gesellschaft, Frankfurt am

Main, 1986, 123

58 Max Weber, Die protestantische Ethik und der Geist des Kapitalismus. Hamburg ^{4}1975, 41

59 Cf. Elias, Die höfische Gesellschaft, 103 seq.

60 Elias, Die höfische Gesellschaft, 99

61 v. Boehn, Rokoko, 68 seq.

62 Histoire de ma vie, V/4, 81

63 Cf. Vittorio Alfieri, Vita. Milano ^{3}1981, 95

64 Histoire de ma vie, X/7, 164

65 l. c.

66 Gotthold Rhode, Kleine Geschichte Polens. Darmstadt 1965, 331

67 Casanova, Istoria delle Turbolenze della Polonia. Padova 1974, 11

68 Turbolenze delle Polonia, 10

69 Turbolenze della Polonia, 13

70 l. c.

71 Turbolenze della Polonia, 14

72 Turbolenze della Polonia, 21 seq.

73 Turbolenze della Polonia, 61

74 Turbolenze della Polonia, 38

75 Turbolenze della Polonia, 31 seq.

76 Turbolenze della Polonia, 32

77 Cf. Turbolenze della Polonia, 123

78 Turbolenze della Polonia, 96

79 Casanova, Icosameron, II, XXIV–XXV

80 Simon Askenazy, Die letzte polnische Königswahl. Diss. Göttingen 1894

81 Histoire de ma vie, X/8, 195

82 Cf. Histoire de ma vie, X/8, 207

83 Histoire de ma vie, X/8, 177

84 Histoire de ma vie, X/7, 173

85 Gustav Ristow, k. und k. Oberst, Ehrenkodex. Wien ^{2}1912, XXI seq.